오늘, 또
사랑을 미뤘다

오늘, 또
사랑을 미뤘다

생각만 하다 놓쳐버리는
인생의 소중한 것들

김이율 지음

아껴도 너무 아꼈습니다. 숨겨도 너무 숨겼습니다.

미뤄도 너무 미뤘습니다. 그 흔한 말, 사랑한다는 그 말.

아템포

오늘 하지 않고 생각 속으로 미루어둔
따뜻한 말 한마디는
결국 생각과 함께 잊혀지고

내일도 우리는 어두운 골목길을
지친 걸음으로 혼자 돌아올 것이다

— 도종환, 〈귀가〉 중에서

차례

저자의 글을 대신하는 이야기_ 사랑을 미룬 죄 | 10

생각만 하다 놓쳐버리는
첫 번째 이야기
엄마 냄새

할머니, 결석하지 마세요 | 20

택배 아저씨와 손두부 | 28

가족, 그 안에서 | 33

인생역전과 인생막장 사이 | 40

꿈이 있다는 것 | 45

첫사랑, 그리고 마지막 사랑 | 52

엄마 냄새 | 57

버릴 줄 아는 용기 | 63

길을 만든 노인 | 67

어깨를 빌려드릴게요 | 71

생각만 하다 놓쳐버리는
두 번째 이야기
이거 민국이 거

장난꾸러기 내 동생 | 80

까치발 사랑 | 86

어머니에게 가는 길, 335킬로미터 | 92

그대와 함께 떠난 제주도 여행 | 98

마음을 알아준다는 것 | 102

칭찬은 힘이 세다 | 110

'엉쌤'의 가르침 | 115

내 인생은 나의 것 | 120

아름다운 사람, 그 철도원 | 126

이거 민국이 거 | 132

생각만 하다 놓쳐버리는
세 번째 이야기

아버지의
숨소리

아버지의 숨소리 | 140

시간이 우리에게 준 선물 | 147

1센트의 기적 | 152

사람에 대한 최소한의 예의 | 160

마음으로 마음에게 | 164

가끔은 일상 탈출 | 169

사랑의 조건 | 173

깊은 밤을 달려온 사랑 | 180

다시 사랑할 수 있을까 | 186

아버지의 자전거 | 191

생각만 하다 놓쳐버리는
마지막 이야기

온몸에 국화꽃 향기 담아

딸을 기다리며 | 200

그냥 눈물이 날 때가 있지 | 207

콧수염 아저씨네 폐업 잔치 | 213

하나가 되는 조건 | 219

훔칠 수 없는 단 한 가지 | 224

잠시나마 심장이 바운스 | 230

자만, 추락하는 날개 | 235

세상에서 가장 맛있는 꽁치김치찌개 | 239

아름다운 사진 한 장 | 246

할아버지의 프리허그 | 253

온몸에 국화꽃 향기 담아 | 259

사랑을
미룬 죄

저자의 글을 대신하는 이야기

 기차를 타고 고향을 향했습니다. 사무치게 그리운 이를 만나기 위해서입니다. 그러고 보니 시간은 참으로 빠릅니다. 벌써 1년이 흘러갔습니다. 햇살이 따사로운 어느 늦봄, 그분은 너무나도 갑자기 내 곁을 떠났습니다.

 심장마비.

 모든 것이 순식간에 멈춰버렸습니다. 준비할 시간도 주어지지 않았습니다. 울 틈조차 주지 않고 작별인사도 없이 그렇게 그분은 바람처럼 사라지셨습니다.

　그분이 묻힌 곳. 그 앞에 한참 서 있었습니다. 여전히 나는 지금도 철없고 이기적입니다. 그분께 잘 지내셨는지 안부를 묻기도 전에 이런 말부터 하고 말았습니다.

　"저 요즘 힘들어요. 일 좀 잘 풀리게 해주세요. 잘 좀 보살펴주세요."

　돌아오는 길 내내, 기차에서 잠을 잤습니다. 한 일이라곤 고작 그분 앞에 고개 숙이고 절 몇 번 한 게 전부입니다. 한 게 뭐가 있다고……. 한심하기 짝이 없습니다.

　이제 겨우 1년이 흘렀건만 눈물도 나오지 않습니다. 경쟁이 치열한 정글 같은 세상에서 살아남으려고 발버둥치다 보니 눈물이 다 말라버린 것일까요. 아니면 정말로 슬프지 않은 건 아닐까요.

　그 감정, 아마도 그럴 겁니다. 아직 실감이 나지 않은 까닭일 겁니다. 언제라도 전화를 걸면 저편에서 "그려, 막둥아. 별일 없고?" 하며 따뜻한 목소리가 들려올 것 같습니다. 언제든 달려가면 정겨운 얼굴을 볼 수 있으리라는 생각이 듭니다. 나는 아직 착각에 빠져 있습니다.

　기차가 종착역에 멈추었습니다. 나는 역의 긴 계단을 투덕투덕 걸어 내려갑니다. 향긋한 저녁 바람이 뺨에 스치더니 이내 콧잔등에 멈춥니다.

바람에도 향기가 있는 걸까?
그분이 저 멀리서 날아온 걸까?

바람에서 그분의 향기가 나는 듯합니다. 바람 속에 그분의 음성이 들리는 듯합니다. 바람이 스칠 때 그분의 미소가 보이는 듯합니다. 가슴이 왈칵합니다. 계단이 길게만 느껴집니다. 층계 수만큼 눈물방울이 떨어집니다.

돌이켜보니 단 한 번도 그분에게 "사랑합니다" 하고 말한 적이 없습니다.

'말하지 않아도 이 마음 다 알아주겠지,
쑥스럽게 무슨 그런 말을 해.'

이런 식으로 미루기만 했습니다. 아니, 그런 말을 할 생각조차 하지 않았던 것 같습니다. 왜 이제 와 새삼 "사랑합니다"라고 전하지 못했다는 사실이 생각나는 걸까요. 빈말일지라도 사랑한다는 그 말 한마디가 어쩌면 그분에게는 사랑하는 마음보다 더 뜨겁고 가슴 벅찬 것일 수도 있다는 걸 왜 몰랐던 걸까요.

술 마시고 싶으면 주저하지 않고 지갑을 열었습니다. 욕심나는 차가 있으면 앞뒤 잴 것도 없이 사고야 말았습니다. 그런데 왜 아무런 비용도 들지 않는 그 흔하디흔한 말 한마디 하지 못했을까요? 왜 "사랑한다"고 건네지 못한 걸까요.

아껴도 너무 아꼈습니다.
숨겨도 너무 숨겼습니다.
그 흔한 말. 사랑한다는 그 말.

사는 동안 내내, 나는 나를 괴롭힐 겁니다. 벚꽃이 지는 이맘때면 어김없이 나는 사랑을 미룬 죄로, 사랑을 아낀 죄로 괴로워할 겁니다.

"엄마, 사랑해."

평생토록 그 말을 전하지 못한 죗값을 톡톡히 치를 겁니다. 문득, 그리워 흐느끼며 후회의 가슴으로 슬피 울곤 할 겁니다.

저자의 짧은 일러두기

이젠 어떻게 해볼 수 없는 내 가슴속 후회가
이 책을 쓰게 했습니다.

그토록 소중한데도 너무나 쉬운 일이라,
그래서 생각만 하다가 놓쳐버린……,
결국 평생 가슴에 시린 후회로 남을
인생의 소중한 것들을 하나둘 모아봤습니다.
나와 내 주변 사람들의 이야기,
언론에 소개된 사람들,
소설이나 영화 속 이야기,
그리고 나의 후회가 만들어낸 이야기입니다.

오늘, 또 미루다 결국 가슴으로 후회하는 일이 없기를
진심으로 바라면서 다음 이야기를 시작합니다.

생각만 하다 놓쳐버리는 첫 번째 이야기

엄마 냄새

할머니, 결석하지 마세요

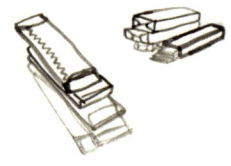

오늘도 할머니는 그곳에 없습니다.

그분은 나를 모르겠지만 나는 할머니를 잘 압니다. 할머니에게 나는 그곳을 스쳐 지나가는 인파 중 한 사람일 뿐이지만 나에게 할머니는 그곳에 있는 유일한 존재이기 때문입니다. 짓누르는 세월의 무게만큼 처진 어깨와 깊은 외로움으로 퀭한 눈, 주름이 뒤엉켜 쭈글쭈글한 손등이 내 눈에 그대로 맺혀 있습니다.

그런데 그 할머니를 며칠째 만날 수 없습니다.

할머니는 늘 지하철과 연결된 지하상가에서 지상으로 통하는 계단 한 귀퉁이에 쪼그려 앉아 계셨습니다. 발 앞에 껌 몇 개를 펼쳐두고는 사람들이 그것을 사주길 기다립니다.

그러나 사람들은 바쁩니다. 눈길 한번 주지 않고 떠밀리듯 지나갑니다. 그리고 사람들은 즐겁습니다. 지하상가에서 산 옷가지며 장신구에 흡족해하며 경쾌하게 할머니 앞을 날아갑니다. 소소한 기쁨을 만끽하느라 할머니를 볼 새가 없습니다.

언제나 그곳에 할머니가 앉아 있다는 사실을 아는 사람은 아마 손으로 꼽을 정도일 겁니다. 수도 없이 그곳을 지나던 나 역시도 일상의 분주함과 쇼핑의 즐거움에 젖어 할머니를 의식하지 못했습니다.

어느 주말 오후였습니다. 나는 지하상가에 들렀습니다. 그곳에는 멋진 모양새에 형형색색을 뽐내는 좋은 옷들이 많습니다. 가격도 비싸지 않습니다. 지갑이 가벼워도 눈은 즐겁습니다. 그래서인지 그곳은 주말마다 여유로운 쇼핑을 즐기려는 사람들로 늘 북적거렸습니다. 막 멋 내기에 눈을 뜬 사춘기 소녀부터 멀리 동남아시아에서 온 이주노동자까지 합세해 발 디딜 틈조차 없었습니다.

나는 그저 눈요기만 할 생각이었습니다. 그런데 그게 뜻대로 되지 않았습니다. 근사한 셔츠가 집요하게 나를 유혹했습니다. 꼭 필요했던 터라는 생각도 들었습니다. 결국 한 벌 장만하고야 맙니다.

엉겁결에 쇼핑을 마치고 밖으로 나가는 계단을 오를 때였습니다. 문득 이지러진 햇볕이 계단을 반쯤 덮고 있는 모습이 보였습니다. 그리고 온몸으로 고스란히 햇볕을 받고 있는 할머니가 눈에 들어와 꽂혔습니다.

할머니는 비닐봉지에서 빵 하나를 꺼내 드시고 계셨습니다. 우유는 고사하고 물 한 잔 없이, 퍽퍽한 빵을 우걱우걱 씹어 드셨습니다.

'목멜 텐데, 어쩌지……' 하는 생각이 들었습니다. 얼른 달려가 음료수 하나라도 사오고 싶었습니다. 그러나 나는 아무것도 하지 않았습니다. 음료수는커녕 껌을 사지도 말 한마디 건네지도 않았습니다.

내 남루한 배려심은 아주 작은 번거로움이나 쑥스러움을 이길 깜냥도 되지 않았던 겁니다.

그 후로도 계속 할머니를 그냥 지나쳤습니다.
'오늘은 우유 한 잔 사드릴 거야. 껌도 사고, 꼭 사야지.'
생각은 머릿속에 꽉 차 있는데 희한하게도 발길은 그 반대쪽으로만 향했습니다.

며칠을 시달리던 글쓰기를 끝낸 날이었습니다. 스트레스도 풀고 바

람도 쐴 겸 지하상가로 향했습니다. 북적거리는 사람들의 즐거운 표정을 보니 내 마음도 덩달아 신이 납니다. 문득 할머니가 떠올랐습니다. 나는 지하상가 편의점에서 우유 한 통을 사 들고는 계단으로 향했습니다. 참 대단한 결심을 했습니다.

그런데 늘 그 자리에 계시던 할머니가 보이지 않습니다. 한참을 계단 주위를 서성거리며 할머니를 기다렸지만 만날 수 없었습니다. '오늘 하루 쉬시나?' 하고 집으로 돌아왔습니다.

며칠 후, 다시 그곳을 찾았습니다. 이번에도 할머니는 그 자리에 없었습니다. 그다음 날도 또 그다음 날도, 매일같이 우유 한 통을 들고 지하상가 계단에서 한동안 기다렸지만 할머니는 보이지 않았습니다.

오늘도 할머니는 그곳에 없습니다. 그런데 소식을 물을 그 누구도 없습니다. 가슴이 답답합니다. 침대에 누워 잠을 청하려 해도 계속 할머니가 생각납니다.

'혹시 무슨 일이라도 생긴 건 아닐까? 안 계신 적이 없었는데······'

불안한 마음에 생각은 꼬리에 꼬리를 뭅니다. 급기야 하늘나라에 계시는 어머니 생각으로 이어집니다.

아마도 나는 그 할머니를 통해 어머니를 봤는지도 모릅니다. 어머니 생각을 하니 가슴 한쪽이 아려옵니다.

'아, 보고 싶다. 엄마.'
'엄마, 엄마, 엄마.'
밤의 끝자락에 엄마를 부르는 목소리가 매달립니다. 그렇게 밤이 흘러갑니다.

밤새 뒤척이다 새벽녘에야 잠이 들었습니다. 해가 중천에 걸려서야 일어났습니다. 나는 다시 할머니가 계시던 계단으로 향했습니다. 손에 우유 한 통을 들고서 말입니다.
'오늘은 할머니가 계실까?'
그 계단에 점점 가까워질수록 가슴이 콩닥콩닥 뛰었습니다.
'꼭 계셔주세요, 제발.'
그 간절함이 통했던 걸까요. 그 자리에 할머니가 계셨습니다. 여느 때와 마찬가지로 바닥에 껌들을 펼쳐 놓고 계단을 오르내리는 사람들을 바라보고 있었습니다.
'어, 할머니다. 휴…….'
나는 안도의 한숨을 내쉬었습니다. 할머니께 다가가 고개 숙여 말했습니다.
"할머니, 무슨 일 있으셨어요?"
"예……, 껌요?"

"아, 예. 껌요. 열 개 주세요."
"열 개나요?"
"예. 제가 껌을 무척 좋아하거든요."
할머니는 나를 올려다보며 눈으로 감사 인사를 하셨습니다.
나는 손에 든 우유를 건네며 말했습니다.
"마른 빵만 잡수시지 말고 마실 거랑 같이 드세요."
그리고 덧붙였습니다.
"할머니, 결석하지 마세요."
할머니는 어리둥절한 표정으로 그저 눈만 깜박일 뿐이었습니다.

호주머니에 껌 한가득 담고 집으로 오는 길, 그렇게 마음이 즐거울 수가 없었습니다. 그 자리에서 할머니를 다시 볼 수 있어 얼마나 기뻤는지 모릅니다.

한동안은 껌을 씹느라 바빴습니다. 껌 씹는 게 좀 지루하다 싶으면 삐삐밴드의 노래 〈유쾌한 씨의 껌 씹는 방법〉을 들으며 다시 또 껌 씹기에 열중했습니다.

"껌을 씹는 유쾌한 씨를 보라. 번득이는 눈 커다란 입술, 약간 삐뚤어진 코털. 껌 씹는 방법도 여러 가지……."

어지간히 껌을 씹어서 그런지 턱관절이 얼얼합니다. 그래도 행복하고 감사한 마음이 듭니다. 그 자리에 그분이 계신 것만으로도.

그러다 마음을 고쳐먹습니다.

'할머니의 자리가 차가운 계단 바닥이 아니라 따뜻한 풍요가 있는 안락의자였으면 좋겠다.'

여전히 그 자리에 계신 할머니를 만나면 반가운 마음이 들지만, 속이 마냥 편치만은 않습니다. 내가 만약 할머니의 안락의자에 조금이라도 보탬이 되는 일을 하려면 이 조각난 누더기 양심을 얼마나 기워 붙여야 할까요?

택배 아저씨와
손두부

힘들지 않은 직업은 없습니다. 다 나름대로 고충이 있습니다.

그런데 누가 나에게 힘든 직업 하나를 꼽으라고 한다면 나는 택배 일이라고 말하겠습니다. 예전에 아는 분이 택배 일을 해서 잘 아는데, 정말로 엉덩이 깔고 밥 먹을 시간조차 없습니다. 아침 일찍 나와 그날 배달해야 할 물건들을 트럭 짐칸에 산더미처럼 쌓아올립니다. 그렇게 오전 시간이 흘러가고 정오부터는 본격적으로 가가호호 방문해 물건을 배달합니다.

운전 중에도 손과 입이 쉴 수 없습니다. 운송장을 뒤적이며 배송지를 확인하고 집에 택배를 받을 사람이 있는지 전화를 해야 합니다. 또

좁은 골목길을 빠져나가기 위해 한참 동안 차를 집어넣었다 뺐다를 반복해야 합니다. 그나마 집에 사람이 있으면 다행입니다. 사람이 없으면 시간 약속을 해서 또다시 와야 합니다. 짐을 잔뜩 짊어지고 계단을 걸어 오르내리고 혹여나 주차 단속원이 와서 '딱지'를 떼지 않을까 한순간도 긴장을 늦출 수 없습니다.

그날 물건은 그날 마무리해야 하기에 쉴 틈이 없습니다. 그렇게 하루 내내 다람쥐처럼 바삐 움직여야 겨우 일을 마칠 수 있습니다. 물론 저녁 늦게 말이죠.

택배 일을 하는 최 씨 아저씨는 오늘 유난히 힘들었습니다. 오후에 갑자기 소나기가 퍼부었기 때문입니다. 우산이 차 안에 있었지만 물건을 양팔에 들고 배달을 해야 하니 우산은 있으나 마나입니다. 내리는 비를 다 맞고 여기저기 뛰어다닙니다.

오늘도 역시 늦은 밤이 돼서야 집으로 향합니다. 그런데 집 근처 육교 밑에서 한 할머니가 비를 맞은 채 쪼그려 앉아 있는 게 눈에 들어왔습니다. 피곤해서 그냥 지나칠까 하다가 걱정스러운 마음이 아저씨의 차를 붙잡습니다. 차를 육교 가까이 대고 할머니에게 다가갔습니다.

"할머니, 지금 비 오는데 집에 가셔야죠?"

"아, 손두부 하나 사요. 제가 직접 만들었어요."

"살게요. 하나만 주세요."

"예. 고마워요."

"빨리 마무리하시고 가세요. 이러다 감기 들어요. 우산도 없이."

"이거 다 팔기 전에는 못 가요. 손자 녀석, 게임기 하나 사주기로 했는데 오늘 별로 팔질 못해서……."

"할머니, 날씨 보세요. 계속 비 오잖아요. 거리에 사람도 없고 이제 손님 없어요. 그러니 얼른 가세요."

"자, 여기 있습니다. 고맙습니다."

할머니가 건넨 검은 비닐봉지를 들고 아저씨는 차로 갔습니다. 시동을 걸고 액셀을 밟습니다. 그런데 차가 좀 가는가 싶더니 갑자기 또 멈춰 섰습니다. 아저씨의 마음이 브레이크를 밟은 것입니다. 아저씨는 혼잣말을 중얼거리며 차에서 내렸습니다.

"어휴, 발길이 안 떨어지네."

아저씨는 차 안에 있는 우산을 옆구리에 끼고 성큼성큼 할머니 쪽으로 걸어왔습니다.

"할머니, 정말로 이 두부 다 팔 때까지 안 가실 거예요? 이러다 날 새겠어요. 비도 오고 그러는데 정말로 어떻게 하시려고 그러세요."

"아이고, 괜찮아요. 어서 가요. 퇴근길인 것 같은데 어서 가요."

"할머니 때문에 제가 못 삽니다. 할머니, 거기 있는 거 다 주세요."
"지금 뭐라고 했소?"
"거기 손두부 다 주시라고요. 그래야 할머니가 댁에 가실 거 아녜요?"
"아이고, 정말로 고마워요. 정말로 고마워요."
할머니는 검은 비닐봉지에 예닐곱 개 되는 손두부를 다 담았습니다.
"할머니, 가실 때 이 우산 쓰세요."
"아이고, 됐어요. 그쪽 양반 우산인데 왜 그걸……."
"어서 받으세요. 우리 엄니 같아서 그래요."
"그나저나 이 많은 두부를 다 어떻게 한대요?"
"오늘 손두부도 있겠다, 막걸리 한잔해야죠. 남으면 내일도 먹고 친구도 주고 그래야죠. 저 갑니다."
"조심히 들어가세요."
아저씨는 양손에 검은 비닐봉지를 들고 차로 향했습니다.
차까지 걸어가는 길은 가까운 거리였지만 참으로 몸이 무거웠습니다.
"휴, 힘들다."
몸은 천근만근이었지만 그래도 마음만은 가볍고 행복했습니다. 아저씨는 턱 끝을 올려 잠시 검은 하늘을 바라보았습니다. 그러더니 나지막이 중얼거렸습니다.

"엄니. 저 잘했죠? 오늘 밤, 엄니가 좋아하시는 막걸리 한잔 올릴게요. 저랑 주거니 받거니 합시다."

아저씨는 정말로 행복한 미소를 지었습니다. 그리고 그렇게 차 있는 곳으로 걸어갔습니다.

가족,
그 안에서

입원실에 새로운 환자가 들어왔습니다.

75세 김옥분 할머니.

할머니는 참으로 곱습니다. 피부도 하얗고 눈망울도 선하고 특히 미소는 백만 달러짜리입니다. 그 미소는 다른 사람들의 마음을 절로 행복하게 만듭니다.
"할머니는 어디가 아파서 오셨어요?"
창가 쪽 아줌마 환자가 할머니에게 물었습니다. 그런데 할머니는 아무 말씀이 없습니다. 그저 미소만 지으실 뿐. 할머니를 돌보는 간병인이 작은 목소리로 말합니다.

"이 할머니, 치매예요. 노인요양병원에 줄곧 계셨는데 옆구리 쪽이 아프다고 해서 검사 좀 받을까 해서 여기로 온 거예요."

간병인의 도움을 받아 할머니가 침대에 눕습니다. 할머니는 이내 잠이 듭니다.

"치매가 어떻게 온 거래요?"

창가 환자가 간병인에게 물었습니다.

"2년 전에 남편이 죽었어요. 그 후로 우울증이 왔는데 점점 상태가 안 좋아지더니 치매까지 온 거예요."

"쯧쯧. 자식들이 잘 좀 해드리지."

"말도 마세요. 자식들이랑 유산 문제로 난리가 아니었어요."

"엄마랑 자식 간에 무슨 일이래."

"이 할머니가 할아버지의 두 번째 부인이었어요. 할아버지가 살아계셨을 때는 할아버지 자식들이랑 할머니랑 그럭저럭 지냈죠. 그런데 할아버지가 돌아가시니까 그때부터 일이 벌어졌어요. 할아버지가 꽤 부자셨거든요. 할머니에게 재산이 많이 돌아갈까 봐 자식들이 소송까지 냈지 뭐예요. 여하튼 그 일로 할머니가 마음의 상처를 크게 받았어요. 그래도

할머니는 그들을 친자식으로 생각하고 잘 대해줬는데. 제가 할머니 마음을 잘 알죠. 예전부터 할머니 댁에서 가사도우미로 일해서 다 알아요."

"하여간 돈이 문제라니까. 나는 먹고 죽을 돈도 없는데."

새벽녘, 병실은 고요했습니다.

그런데 창가 환자의 놀람과 짜증이 뒤섞인 목소리가 그 고요한 정적을 깼습니다.

"아이고, 깜짝이야. 할머니, 왜 그래요!"

옥분 할머니가 자고 있던 창가 환자에게 다가가 그의 얼굴을 만지작거린 것입니다.

"할머니, 왜 남의 얼굴을 자꾸 만져요!"

할머니는 창가 환자 얼굴을 계속 어루만지며 나지막한 목소리로 말했습니다.

"민주야. 왜 이제 왔어?"

이때, 간병인이 할머니의 허리춤을 붙잡으며 말렸습니다.

"아이고, 할머니 또 시작이네. 할머니, 이분은 민주가 아니에요. 할머니처럼 몸이 아파서 온 환자예요."

할머니는 고개를 내저으며 고집을 피웠습니다.

"민주야! 민주란 말이야!"

"이 할머니 왜 이렇게 힘이 세. 할머니, 자꾸 이러면 무서운 주사 꾹 놓을 거예요. 어서 와요."

주사라는 말을 듣더니 할머니가 고집을 내려놓았습니다.

"그나저나 민주가 누구예요?"

창가 환자가 간병인에게 물었습니다.

"할아버지 늦둥이 막내딸인데 시집가기 전까지 한 2년 정도 할머니랑 같이 살았거든요. 그때 정이 많이 들었어요. 작년인가 한 번 요양병원에 찾아왔어요. 다른 자식들은 모두 할머니를 어머니로 인정하지 않았는데 민주는 그래도 할머니랑 사이가 좋았거든요."

"할머니는 자식이 없어요?"

"예. 전쟁 통에 부모님이랑 형제들을 다 잃었대요. 할아버지 만나기 전까지 평생을 혼자 살았대요."

"아이고. 가족이 그리워서 병이 나셨구먼."

아침이 밝았습니다.

창가 환자는 할머니에게 다가와 다정하게 말했습니다.

"일어나셨어요? 좋은 꿈 꾸셨어요?"

할머니는 고개를 끄덕이며 창가 환자의 볼에 손을 갖다 댔습니다.

"그래요. 실컷 만지세요. 내 볼은 내 것이 아니고 할머니 거니까."

"아니야, 아니야. 할머니 아니야."

"아, 맞다. 내가 민주니까 할머니가 아니라 어머니지……. 엄마, 어서 만져. 민주가 왔어."

엄마라는 소리 때문인지 할머니의 눈시울이 붉어졌습니다. 급기야 할머니가 닭똥 같은 눈물을 뚝뚝 흘렸습니다.

"엄마, 왜 울어? ……할머니가 우니까 나도 눈물 나잖아. 흐흐. 할머니 때문에 나도 엄마 생각나잖아. 어휴, 참. 흐흐."

눈물은 참으로 전염성이 강합니다. 간병인도 연변에 있는 가족들이 생각났는지 눈물을 흘립니다. 순식간에 병실 전체가 눈물로 촉촉이 젖습니다.

가족, 그것은 잇는다고 이어지는 게 아닙니다. 반대로 끊는다고 또 끊어지는 게 아닙니다. 가족은 거부할 수 없는 운명이며 우리 삶의 전부입니다.

가족이 있다는 것, 가족이 함께한다는 것, 그건 어쩌면 우리가 살아가는 이유의 전부인지도 모릅니다. 그럼에도 우리는 그 존재에 감사할 줄 모릅니다. 당연한 혜택으로만 받아들입니다. 그러다 보니 그 소중함을 잊게 됩니다.

행복은 어디에 있을까요?

성공은 어디에 있을까요?

그 모든 것들은 가족 안에 있습니다. 어떤 책을 홍보하던 문구가 생각납니다.

"가족은 천 개의 슬픔을 사라지게 한다."

오늘 저녁, 가족에게 마음을 전해보세요. 표현해보세요. 오늘만큼은 듣고 싶은 말이 아닌 받고 싶은 것이 아닌, 전하고 싶은 말과 주고 싶은 것을 전하는 그런 날로 만들면 어떨까요.

인생역전과
인생막장 사이

인생이 바라는 대로 술술 풀리면 얼마나 좋을까요.
사람과의 갈등도 없고 원하는 것도 착착 이뤄지고 돈도 많이 벌고 가정도 화목하고……. 그렇게만 된다면 인생 참 살 만할 텐데. 물론 인생이 그렇게 좋게만 풀릴 리 없겠죠.

우리의 인생 풍경을 한번 둘러봅니다.
눈만 뜨면 문제가 발생합니다. 다음부턴 서로의 입장에서 생각하자고 약속해놓고 또 얼굴만 맞대면 으르렁댑니다. 카드 결제일은 왜 그렇게 무서운 속도로 성큼성큼 다가올까요. 믿었던 친구가 배신하는 일도 생깁니다. 몇 개월째 자기도 모르게 휴대전화 소액결제로 2만 9000원씩 빠져나가는 황당한 일도 있습니다. 멀쩡하던 지인이 갑자기 쓰러져 유명을 달리했다는 소식에 가슴 아파하기도 합니다. 하루가 멀다고 여기서 저기서 원치 않는 일들이 뻥뻥 터집니다.

이렇다 보니 언제부턴가 이런 생각마저 듭니다.

'좋은 일이 생기는 건 바라지도 않는다. 그저 오늘도 별일 없기를. 그것만으로도 감사하다.'

그리고 또 한 가지 생각이 스쳐 지나갑니다.

'아, 내 인생에는 언제쯤 햇살이 비출까? 인생역전은 정말 가능하기나 할까?'

이런저런 생각을 하다 로또판매점으로 갑니다.

"만 원어치 주세요."

"자동이죠?"

"예. 좋은 번호로 좀 주세요."

"자동은 그런 거 없는 줄 아시잖아요."

"알죠. 그래도 좋은 기운 좀 넣어주세요."

일이 잘 풀리지 않거나 일상이 느슨해질 때 종종 로또를 삽니다. 재미로 사는 거지만 그래도 실낱같은 기대도 해봅니다. 혹시 압니까? 인생역전의 행운이 나에게 찾아올지.

토요일 밤, 두 눈에 한껏 기대를 품은 채 로또추첨 방송을 지켜봅니다.

통 속에서 45개의 '행운'들이 뱅뱅 돌더니 이내 당첨번호를 토해냅니다. 당첨번호와 내 번호를 번갈아 보며 잽싸게 맞춰봅니다.

"에잇!"

혹시 모르니까 다시 한번 맞춰봅니다. 역시입니다. 남들 다 되는 5000원도 안 되고 완전 기분 꽝입니다. 기대와 설렘은 순식간에 갈기갈기 찢어진 휴짓조각이 됩니다.

다음 날, 또 하루가 시작됩니다.

아침부터 장대비가 쏟아집니다. 장대비 때문인지 갑자기 인터넷이 툭툭 끊깁니다. 메일도 보내고 글도 써야 하는데 컴퓨터가 말썽입니다. 슬슬 짜증이 올라옵니다.

"휴, 정말 왜 그러니."

그러고 보니 요즘 부쩍 짜증을 잘 냅니다. 아마도 한 달 전, 노트북 분실 사건 이후부터일 겁니다. 큰맘 먹고 신형 노트북을 샀는데 그만 도서관 커피숍에서 잃어버리고 말았습니다. 잠깐 화장실에 다녀온 사이 누군가가 집어간 겁니다. 노트북을 찾으려고 백방으로 돌아다녔지만 결국 헛수고였습니다.

노트북 분실 이후로 삶의 의욕이 급격하게 떨어졌습니다. 그때부터 생전 사지도 않던 로또를 사기 시작한 것입니다. 잃어버린 노트북을 로또로 보상받고 싶었나 봅니다. 한 달에 네 번 추첨. 네 번 모두 꽝이었습니다.

다시 인터넷이 연결되고 컴퓨터를 사용할 수 있게 되었습니다. 이것저것 검색을 하다가 눈에 딱 들어오는 기사가 있었습니다. '32억 소녀의 몰락'이라는 제목을 달고 있는 이 기사는 어떤 사람이 복권에 당첨된 후의 이야기였습니다. 내용은 대략 이렇습니다.

어느 날, 16세 소녀에게 엄청난 행운이 찾아왔습니다.
32억 원짜리 복권에 당첨된 겁니다. 소녀는 열광했고 그 기쁨을 주체할 수 없었습니다. 그런데 갑작스럽게 찾아온 행운이 문제였습니다. 소녀는 매일 파티를 열고 쇼핑을 하고 성형수술을 하는 등 흥청망청 돈을 썼습니다. 그뿐만 아니라 마약까지도 손을 댔습니다. 인생역전이 인생막장으로 바뀌는 순간입니다.
10년이 지난 지금, 소녀는 어떤 모습으로 살고 있을까요?
마트에서 힘들게 일하고 있습니다. 나머지 시간은 간호사가 되기 위해 공부합니다. 소녀의 지갑에 남은 돈은 겨우 300만 원이 전부랍니다. 인생사 일장춘몽一場春夢이라더니. 소녀에게 32억 원은 행운이 아니라 아픈 기억이고 빼앗긴 청춘에 불과했습니다.

　이 기사를 읽고 요즘 내 일상을 돌아봅니다. 뜻대로 되는 일이 없어 답답했던 게 사실입니다. 마음속에 짜증과 허무가 뒤섞여 있었던 것도 사실이고요. 그렇지만 이제는 그러한 것들을 내려놓으려 합니다. 노트북 분실 사건도 이쯤에서 잊어야겠습니다.
　누구나 다 기적 같은 행운을 꿈꿉니다. 인생역전을 바랍니다. 그러나 이미 우리는 그러한 것들을 누리고 있는 건 아닐는지요. 아침에 눈부신 햇살을 맞이할 수 있다는 것, 아이의 웃음소리를 들을 수 있다는 것, 친구들과 수다를 떨고 가족과 함께 식사를 할 수 있다는 것, 이러한 것들이 행운이며 기적이 아닐까요?
　일상 속에서 열심히 산다면 언젠가는 더 좋은 날이 오겠지요. 설령 안 오면 어떻습니까. 그것 또한 인생인 것을.

꿈이 있다는 것

간밤 꿈에 평소에 흠모하던 사람이 나타나면 그날 아침은 왠지 기운이 솟고 웃음이 절로 나옵니다. 돼지꿈이라도 꾼다면……. 두말하면 잔소리입니다. 슬리퍼 휘날리며 복권방으로 달려가죠. 그런데 악몽을 꾼 다음 날은 가슴에 큰 돌멩이를 얹은 것처럼 종일 답답하고 찜찜합니다.

밤사이에 꾼 꿈이 무엇이냐에 따라 그날 하루의 기분이 결정됩니다. 꿈을 중요하게 생각해온 건 하루 이틀 일이 아닙니다. 예로부터 꿈은 그 내용을 풀어서 길흉을 판단하는 수단이기도 했습니다. 이처럼 우리는 꿈에 관심이 많고 참 중요하게 생각합니다.

그런데 정작 관심을 두고 중요하게 생각해야 할 꿈이 또 하나 있습니다. 바로 희망을 뜻하는 '꿈'입니다. 언제부턴가 우리는 꿈을 소홀히 다루는 경향이 있습니다. 초등학교·중학교·고등학교에 다닐 때는 주위 어른들에게 이런 말을 수도 없이 들었습니다.

"너는 꿈이 뭐니?"

"자고로 사람은 꿈이 있어야 해."

그 시절에는 자의건 타의건 가슴 한켠에 크고 작은 꿈들이 수북이 쌓여 있었습니다. 그런데 어른이 된 후로는 그 많던, 맹랑하고 특별했던 꿈은 점점 퇴색해갑니다.

꿈에 대해 곰곰이 생각해봅니다. 뭘까 하고요. 그러다가 문득 꿈은 시도가 아닐까 하는 생각이 들었습니다. 열쇠를 쥐고 있다고 해서 문이 저절로 열리지는 않습니다. 열쇠를 구멍에 넣고 돌려야 비로소 문이 열립니다.

꿈도 마찬가지 같습니다. 가만히 앉아서 생각만 한다고 해서 이룰 수 있는 게 아닙니다. 보여줘야 하고 만들어내야 하고 이뤄내야 합니다.

그런데 시도조차 어려워합니다.

"내 나이가 몇이지?"

"지금 이 상황에서 할 수나 있겠어?"

나이 생각에 움츠러들고 앞뒤 상황을 계산하고 나면 감히 꿈을 이룰 시도조차 하지 못합니다. 결국 꿈은 지난날의 불꽃놀이로, 그저 추억으로만 남고 맙니다.

꿈이 없는 삶, 사는 맛이 날까요? 꿈이라도 있어야 사막 같은 일상에서 숨통이 트이지 않을까요? 꿈이라도 있어야 하루하루 버틸 힘이 생기지 않을까요? 꿈이라도 있어야 설레는 맘을 계속 가질 수 있지 않을까요?

1980년대 초의 어느 날, 래리 월터스라는 남자가 두 주먹을 불끈 쥐며 말합니다.

"그래, 오늘이야. 가슴속 꿈을 꼭 꺼내고 말 거야."

그는 샌드위치와 음료수 그리고 나침반을 챙겼습니다. 그리고 곧바로 헬륨가스로 가득 채운 큰 풍선 여러 개를 큰 통에 매달았습니다.

"이제 됐어. 자, 가자."

그는 순식간에 하늘로 날아올랐습니다.

"와우! 이거야. 이게 하늘이야. 내가 드디어 하늘을 날았어."

발아래로 보이는 세상은 점점 작아졌습니다.

그의 어릴 적 꿈은 공군 비행사였습니다. 그래서 공군에 지원했지만 시력이 나빠 입대하지 못했습니다. 지금은 트럭 운전사로 일하지만 그래도 단 한 번도 그 꿈을 잊은 적이 없습니다. 만약 시력이 좋았다면 그는 근사한 모습으로 하늘을 날고 있었을 겁니다. 어찌 됐든 그의 꿈은 이뤄졌습니다.

그런데 문제가 생겼습니다. 비행이 순조롭지 않았습니다. 예상했던 30미터를 훌쩍 넘어 너무나도 높게 치솟았습니다. 무려 여객기가 운행하는 3000미터 상공까지 올라간 것입니다.

'이 일을 어떡하지?'

그는 구조가 될 때까지 19시간 동안 구름 속을 헤맸습니다. 구조 과정에서 끊어진 풍선 줄들이 고압선에 걸려 한 마을이 정전되기도 했습니다. 그는 땅에 발을 딛자마자 경찰에게 연행되고 말았습니다.

"래리 월터스 씨, 도대체 당신 정신이 있는 겁니까? 왜 그런 짓을 했습니까?"

"그럼 종일 아무것도 안 해야 하나요? 뭐라도 해야 하지 않소."

래리 월터스가 한 마지막 말에 자꾸 귀가 기울어집니다. 맞습니다. 뭐라도 해야 합니다. 그 자리에 가만히 있어서는 꿈을 이룰 수 없습니다. 시도해야 합니다.

물론 래리 월터스는 법이 정한 테두리를 벗어났기 때문에 범법자입니다. 자신의 꿈을 이루기 위한 욕망과 돌발 행동으로 타인에게 손해를 끼쳤고 사회적으로 물의를 일으켰으니까요. 그렇다고 그를 그저 나무라기만 하려니 왠지 마음 한구석이 석연치 않습니다. 그렇습니다. 그는 우리에게 '꿈'이라는, 그간 잊고 지냈던 소중한 단어를 다시 생각나게 해줬기 때문입니다.

꿈은 밤에 꾸는 게 아니라 발로 꾸는 겁니다.
꿈을 이루기 위해 발바닥에 땀이 맺도록 달려보는 건 어떨까요. 혹여 꿈을 잃어버렸다면 빨리 되찾아야 하고요. 그래서 우리, 우리 인생의 범법자가 되지 맙시다. '꿈꾸지 않고, 꿈을 미룬 죄'를 더는 짓지 말아야 하겠습니다.

첫사랑,
그리고 마지막 사랑

눈을 다 감고도
갈 수 있느냐고
비탈길이 나에게 물었다

나는 답했다

두 발 없이도
아니, 길이 없어도
나 그대에게 갈 수 있다고

꽤 오래전에 썼던 〈첫사랑〉이란 시입니다.

첫사랑, 생각만 해도 가슴이 뛰고 설렙니다. 이제 막 밭에서 딴 오이처럼 싱싱함과 풋풋함이 느껴집니다. 그리운 마음으로 다가갔던 그날의 기억, 아무 말도 못 하고 되돌아왔던 그 골목, 밤새 쓴 편지가 너무나 유치해 피식 웃었던 아침, 그 모든 것들이 한없이 서툴고 흔들렸습니다. 그렇지만 이 모두가 아름답고 행복한 기억입니다.

첫사랑이란 단어엔 설렘만 담긴 건 아닙니다.

쓰라림과 애잔함도 숨어 있습니다. 이루어질 수 없기에 흘려야 했던 눈물, 거절당했던 상처의 아픔, 가슴 떨려 차마 접근조차 못했던 발걸음. 모든 것이 다 처음이기에 모자라고 서툴렀지요. 감정도 낯설었고 마음을 전하는 방식도 엉성했지요.

그래서 더 아쉬움이 큰 걸까요. 아니면 이루지 못한 것에 대한 미련일까요. 우리는 첫사랑을 잊지 못합니다.

훗날 다시 첫사랑을 만나면 그때 그 마음으로 되돌아갈 수 있을 거라는 착각을 합니다. 물론 서로가 변치 않고 그 마음 그대로 간직하고 있다면 그건 착각이 아닐 겁니다. 떨어질 수 없는 운명이며 인연이겠지요.

며칠 전 신문에서 첫사랑과 다시 만나 결혼한 노부부의 이야기를 읽은 적이 있습니다. 그 이야기를 읽는 내내, 우리 시대의 사랑을 돌아보았습니다.

이야기의 주인공은 내일모레면 90세를 바라보는 밥 험프리스 할아버지와 버미 블루엣 할머니입니다.

이 두 사람은 제2차 세계대전이 터지는 바람에 헤어졌습니다. 그 당시, 18세이던 할아버지가 입대하여 전쟁에 참여했던 것입니다. 전쟁 속에서도 그리움과 사랑은 있는 법. 청년 밥은 그리운 연인 버미에게 마음을 담아 편지를 보냈습니다.

그런데 그 둘 사이에 훼방꾼이 있었습니다. 바로 버미의 어머니입니다. 밥이 맘에 들지 않았던 어머니는 중간에서 편지를 가로챘습니다. 밥은 계속해서 편지를 썼습니다. 그런데 기다리고 기다려도 답장은 오지 않았습니다.

'버미는 더 이상 날 좋아하지 않아.'

밥은 눈물을 삼키며 아프지만 마음을 접기도 했습니다. 버미 역시 밥이 편지 한 통도 보내지 않자, 그가 변심했다고 생각했습니다.

'밥이 군대 가더니 변했어. 기다린다고 그렇게 말했건만……. 나쁜 사람.'

두 사람의 마음속은 오해와 미움으로 채워졌습니다. 둘의 사랑은 끝내 그렇게 막을 내렸습니다. 전쟁이 끝난 후, 둘은 각자 다른 사람을 만나 결혼했습니다.

수십 년이 흘렀습니다.

어느 날, 딸이 버미에게 물었습니다.

"엄마의 첫사랑은 누구야?"

"첫사랑?"

버미는 창밖을 한참 동안 바라보더니 추억에 잠겨 말했습니다.

"나에게도 첫사랑이 있었지. 밥 험프리스. 그는 참 멋졌어."

"내가 엄마 첫사랑 찾아줄까?"

"지금 찾으면 뭐하니? 너무나 오랜 세월이 흘렀어. 죽었을지도 몰라. 살아 있다고 해도 아흔에 가까운 나이야."

그러나 딸은 밥에 대해 수소문했고 마침내 찾아내고 말았습니다.

2011년 어느 날, 밥과 버미는 재회했습니다. 무려 70년 만의 일이었습니다.

"정말 당신이 밥인가요?"

"그래, 버미. 날 알아보겠소?"

"……예. 그래요. 알아보겠어요. 자세히 보니 예전 모습이 보여요. 그대로인 것 같아요."

"버미, 당신도 마찬가지요. 그 맑은 눈망울이 그대로군."

둘은 서로에 대해 가지고 있던 오해를 70년 만에 풀 수 있었습니다. 그리고 다시 사랑을 시작했습니다. 둘은 사랑의 맹세를 하고 결혼식을 올렸습니다.

첫사랑이 마지막 사랑이 되는 순간이었습니다.

엄마 냄새

"너 왜 여기 왔어? 철호랑 신랑은 어떻게 하고 여기에 온 거야?"
"철호는 신랑이 잘 돌보고 있어. 그러니 신경 쓰지 마. 나 당분간 여기서 엄마랑 지낼 거야."
"그게 무슨 소리야? 너 신랑이랑 싸웠니? 그럼 안 돼. 잘 지내야지 왜 싸우고 그래."
"아니야. 신랑이랑 문제없어. 엄마랑 지내려고 내려온 거야."

서울에 살고 있는 딸이 어느 날 갑자기 연락도 없이 내려왔습니다. 그러더니 대뜸 엄마랑 같이 지내겠다고 합니다. 군산댁은 당연히 놀랄 수밖에요.

"엄마, 이제 이 가게 그만하면 안 돼? 꼭 해야겠어?"

"이거 안 하면 뭐하냐? 죽는 날만 기다리라고?"

"엄마, 그런 소리는 왜 해. 엄마가 왜 죽어?"

"의사가 죽는다는데 뭐 별수 있니?"

"그러니까 무리하지 말아야지. 이 생선 팔아서 얼마나 남는다고 하루 종일 고생이야?"

"고생은 무슨. 평생 하던 일인데 새삼스럽게……."

군산댁은 시장 한 모퉁이에서 생선을 팔고 있습니다. 벌써 40년째 이 일을 하고 있습니다. 인생의 대부분을 시장에서 보냈다고 해도 과언이 아닙니다.

두 달 전쯤, 뱃속이 너무나 아팠습니다. 어쩔 수 없이 평생 발길 한 번 들이지 않았던 병원을 찾아갔습니다.

"검사는 무슨 검사예요? 그냥 약이나 지어주세요."

"많이 고통스러워하시는데 검사를 해야죠."

괜히 검사비만 날리는 건 아닌가 하는 생각이 들었지만 차마 의사의 말을 못 들은 척할 순 없었습니다. 며칠 후, 뜻밖의 검사결과를 통보받았습니다.

"위암 말기입니다."

군산댁은 가슴이 무너져내렸습니다. 평생 살면서 단 한 번 남을 속이지도 않았고 남에게 해 끼친 적도 없었는데. 내가 무슨 죄를 지었다고 이런 병을 주시는지, 참으로 하늘이 원망스러웠습니다.

군산댁은 머리에 띠를 두르고 앓아누웠습니다. 며칠 지나니 좀이 쑤셔서 더는 누워 있을 수 없었습니다.

'그래, 이래저래 죽는 건 마찬가지지. 나가봐야겠다.'

군산댁은 아무 일도 없다는 듯 훌훌 털고 다시 시장으로 나왔습니다. 그리고 여느 때와 마찬가지로 장사를 시작합니다.

"오늘 고등어 물 좋습니다. 오징어도 참 좋습니다. 구경들 하세요."

"요 며칠 안 보이던데 어디 갔다 왔어?"

"예. 좋은 데 다녀왔습니다. 오늘 물 좋아요. 고등어가 싱싱합니다."

딸은 일주일째 서울집에 가지 않고 있습니다.

"너 언제까지 여기에 있을 거야? 이제 집에 돌아가."

"괜찮다니까. 신랑이 다 허락했어."

"아무리 그렇다고 해도 이게 뭐니? 너 생선 장사로 나설 셈이야? 어서 집으로 돌아가."

"안 가. 엄마가 뭐라고 해도 난 끝까지 엄마 곁에 있을 거야."

그날 밤, 딸과 엄마는 나란히 누웠습니다.

"엄마, 자?"

"아니. 왜?"

"그냥 불러봤어."

"싱겁기는."

엄마는 고단했는지 바로 잠이 들었습니다. 잠든 엄마의 얼굴을 보고 있자니 딸의 가슴이 먹먹해졌습니다. 엄마랑 함께할 시간이 그리 많이 남지 않았다는 게 너무나 서글펐습니다.

어릴 때는 왜 그렇게 엄마 냄새가 싫었던지.

생선 냄새, 짠 냄새, 퀴퀴한 냄새. 엄마가 한번 안아보자며 다가오면 밀어내기 바빴습니다. 학교를 마치고 집으로 올 때면 늘 시장을 거치지 않으려고 먼 길로 돌아왔습니다. 시장에서 생선을 파는 엄마가 부끄러웠기 때문입니다.

딸은 물기 머금은 소리로 혼잣말을 내뱉었습니다.

"그때 내가 왜 그랬을까. 엄마 마음이 얼마나 아팠을까."

딸은 엄마의 등에 코를 갖다 대고 엄마 냄새를 맡았습니다. 아무리

씻어도 씻기지 않는 40년 된 생선 냄새. 그런데 오늘따라 그 냄새가 너무나 고소하고 향긋했습니다.

'엄마 냄새 참 좋다.'

딸의 마음이 엄마의 마음에 전해졌던 걸까요. 엄마가 뒤척거리더니 딸 쪽으로 돌아누웠습니다. 그리고 딸을 안아주었습니다. 엄마는 아무 말도 하지 않았지만 분명 가슴으로 이렇게 말하는 것 같았습니다.
"딸아, 사랑한다. 이렇게 와줘서 참 고맙다."
딸도 엄마 품에 안겨 스르르 잠이 들었습니다.
그날 밤, 하늘엔 큰 별과 작은 별 하나가 유난히 반짝거렸습니다. 아마도 엄마별과 아기별이 서로 마주 보며 사랑을 이야기하는 중인가 봅니다.

버릴 줄 아는 용기

사랑을 위해 우리는 얼마나 버릴 수 있을까요?

"전부요!"

이렇게 대답하는 사람도 있을 겁니다. 정말로 그렇다면 그 사람은 멋진 사람임이 틀림없습니다. 하지만 사랑이 중요한 가치이긴 해도 사실 다 버린다는 건 쉬운 일이 아닙니다. 사랑만으로 살아가기에는 현실이 너무 팍팍하기 때문입니다.
그럼에도 오직 사랑만을 위해 모든 것을 다 내려놓은 사람은 예나 지금이나 분명 있습니다. 그런 사람들이 있기에 아직도 사랑이 최고의 가치로 대접받고 있는 건 아닐까 생각합니다.

이 세상에는 감동적이고 멋진 사랑 이야기가 참 많습니다. 그 많은 사랑 이야기 중에서 사랑을 위해 용감한 선택을 한 에드워드 8세의 이야기를 소개해드릴까 합니다.

영국 왕 조지 5세의 아들인 에드워드 8세는 왕립 해군학교와 옥스퍼드 대학교를 거쳤습니다. 젊은 시절, 제1차 세계대전에 참전했고 이후 세계 각국을 돌아다니며 견문도 넓혔습니다. 영국 국민은 에드워드 8세를 볼 때마다 마음이 든든했습니다. 아버지를 이어 영국을 잘 이끌어줄 거라고 믿었습니다.

1936년 1월, 조지 5세가 세상을 떠나자 드디어 에드워드 8세가 왕위에 올랐습니다. 그런데 그에게는 치명적인 '약점'이 하나 있었습니다. 바로 사랑이 문제였습니다.

그에겐 심프슨이라는 사랑하는 여인이 있었는데 그녀는 두 번의 이혼 경력이 있는 여자였습니다. 대영제국의 왕관을 쓴 왕에게는 어울리지 않는 배필임이 분명했습니다. 내각에서도 그리고 국민 역시 그의 사랑을 탐탁하게 여기지 않았습니다. 그렇지만 그는 자신의 사랑을 지키고자 했습니다.

"많은 분이, 아니 모두가 저의 사랑, 저의 결혼을 반대한다는 걸 잘 압니다. 그러나 저는 한 나라의 왕이기도 하지만 한 여자의 남자이기도 합니다. 다시 말씀드리지만 저는 사랑을 포기하지 않을 겁니다."

사랑을 포기하지 않겠다는 그의 선언에 내각은 발끈했습니다.

"이럴 순 없습니다. 이건 한 나라의 위신이 걸린 문제입니다. 한 남자이기 전에 왕입니다. 왕의 입장이 우선이어야 합니다."

그는 깊은 고민에 빠졌습니다. 왕으로 살 것인가, 한 남자로 살 것인가. 하지만 결단을 내리기까지는 그리 오랜 시간이 걸리지 않았습니다.

1936년 12월 어느 날, BBC 라디오 방송을 통해 그의 육성이 영국 전체에, 아니 전 세계에 울려 퍼졌습니다.

"저는 영국의 왕 자리를 포기하기로 결단을 내렸습니다. 제 곁에 제가 사랑하는 이가 없는데 제가 어떻게 국왕으로서의 막중한 책무를 수행할 수 있겠습니까? 그것은 불가능한 일입니다."

결국 그는 천하 최고의 권위뿐만 아니라 부와 명예를 모두 다 동생에게 내어주고 사랑하는 연인에게로 갔습니다.

그는 모든 것을 다 잃었지만 행복했습니다. 사랑하는 여인을 얻었으므로. 그 후 그는 한 여인의 남자로 평범한 삶을 살았습니다.

사랑을 가볍게 여기는 요즘 시대에 에드워드 8세의 사랑 이야기는 우리에게 많은 생각을 하게 합니다.

사랑이 전부는 아닐지도 모릅니다. 그렇다 해도 사랑 없는 인생이 무슨 의미가 있을까요? 사랑만으로는 살 수 없습니다. 하지만 사랑 없이 살 수 없는 게 또 인생입니다.

사랑하되 무겁고 진중하게, 그리고 한번 사랑했으면 그 사랑을 끝까지 지키려는 책임감이 있어야 하겠습니다. 아울러 그 어떤 것과도 바꿀 수 없는 것이 사랑이라는 것도 깨닫는다면 그 인생은 참으로 아름답게 빛날 것입니다.

길을 만든
노인

무더운 여름날, 모두 다 그늘 밑으로 들어가기 바쁩니다. 그런데 유독 한 노인만은 뙤약볕 아래서 몇 시간째 삽으로 흙을 퍼내고 있습니다. 이미 온몸은 땀으로 범벅이 되었습니다. 이러다 쓰러지면 어떡하나. 주위의 걱정에도 아랑곳하지 않고 삽질을 하느라 여념이 없습니다.

"으이차! 휴, 이제 됐네."

오늘은 꽤 큰 돌을 하나 캐냈습니다.

오전 내내, 돌 하나가 몹시 성가셨는데 정오가 되어서야 그 돌을 캐낸 것입니다. 노인의 삽질은 오후에도 여전히 계속되었습니다.

"그만 하세요. 그러다 쓰러지시겠어요."

"괜찮습니다. 늘 하던 일인데요, 뭐. 살펴가세요."
"예. 그럼 수고하세요."
어느새 하루해가 저물었습니다. 한 치 앞도 보이지 않는 어둠이 깔리자 비로소 노인의 삽질은 멈췄습니다.

다음 날은 아침부터 비가 쏟아졌습니다.
노인은 여느 때와 다름없이 삽을 둘러매고 작업장으로 갔습니다.
"아이고, 어르신. 이렇게 비가 오는데 오늘은 쉬지 그러세요."
"예. 감사합니다. 좋은 하루 되세요."
"쯧쯧. 저러다 병이라도 나면 어떡하려고 하시나."
노인은 비를 맞으면서도 계속 흙을 퍼 날랐습니다. 비를 머금은 흙이라서 무게가 무거워 평소보다 더 힘들었지만 그래도 땅이 잘 파져 삽질은 수월했습니다.

봄이 되고 여름이 가고 가을을 보내고 겨울을 견뎌냈습니다. 그렇게 또 한 해를 삽질로 보냈습니다. 한 해 한 해 나이가 드니 노인의 기력도 예전 같지 않습니다.
"올해 안에는 마무리를 지어야겠어."
노인은 이제 거의 다 왔다 생각하며 마지막 투혼을 발휘했습니다. 삽으로 시작한 하루, 삽으로 마무리하며 또 하루를 보냈습니다.

몇 달 후, 마침내 삽질의 끝이 보였습니다.

"이제 됐네. 완성이야."

산 하나를 무너뜨려 새로운 길을 하나 만들어낸 것입니다.

마을 사람들은 새로운 길을 보며 무척 기뻐했습니다.

"할아버지, 정말로 대단하세요."

"그러게 말입니다. 이래서 인간은 위대하다고 하는가 봅니다. 무려 22년입니다."

그렇습니다. 이 노인은 22년 동안 홀로 산을 깎아 길 하나를 만들었습니다. 무엇이 그를 22년 동안 산을 깎게 한 걸까요? 그에게 무슨 사연이 있는 걸까요? 노인에겐 가슴 아픈 사연이 있습니다.

22년 전 어느 날, 그의 아내가 크게 다치고 말았습니다.

"여보, 좀 참아봐. 병원에 가면 치료받을 수 있으니까 조금만 참아."

그는 아내를 업고 뛰기 시작했습니다. 평지를 지나 어느덧 산 초입에 들어섰습니다. 홀로 산을 오르는 것도 힘든 일인데 사람을 등에 업고 오른다는 게 쉽지 않았습니다. 그렇지만 다른 방법이 없었습니다. 산 너머에 병원이 있었기 때문입니다. 그는 죽을힘을 다해 산에 올랐습니다.

마을에서 병원까지 55킬로미터. 몇 시간째 산에 올랐지만 아직도 병원과의 거리는 좁혀지지 않았습니다.

"여보, 괜찮아? 우리 조금만 더 힘내자. 조금만 참아. 응?"

아내는 말이 없었습니다. 기절한 것입니다.

"여보, 여보 일어나. 어서 일어나."

흔들어 깨워도 아내는 여전히 반응이 없습니다. 기절한 후, 끝내 아내는 깨어나지 않았습니다. 치료 한 번 제대로 받지 못한 채 세상을 떠나고 만 것입니다.

아내를 땅에 묻으면서 그는 울분과 원망과 절망도 함께 묻었습니다. 그리고 다음 날, 바로 삽과 망치와 정을 들고 밖으로 나갔습니다. 아내를 추모하는 마음으로 산을 깎기로 맘먹은 것입니다. 그게 아내를 위한 일이고 또한 마을 사람들을 위한 일이라 생각했습니다.

"두 번 다시는 내 아내와 같은 일이 있어선 안 돼."

그날 이후로 시작된 그의 작업은 22년 동안 계속되었습니다.

이 이야기는 인도인 '다시랏 만지'의 실화입니다.

그는 22년간 산을 옮겨 마을에서 병원까지 거리 55킬로미터를 15킬로미터로 줄이는 기적을 만들어냈습니다.

어깨를
빌려드릴게요

연말이라 진석은 오늘 술자리가 있습니다. 그런데 그 자리에서 지인과 언쟁이 벌어졌습니다. 서로 감정이 상했고 감정 섞인 말이 오갔습니다. 그 자리를 피하는 게 좋겠다는 생각이 든 진석은 어색한 인사를 하고 그곳을 먼저 나왔습니다. 시간이 많이 늦었습니다. 버스와 지하철은 끊긴 지 오래입니다.

할 수 없이 택시를 잡기 위해 대로변에 서서 손을 흔들었습니다. 연말이라 그런지 택시 잡기가 여간 어렵지 않습니다. 매운 바람이 얼굴을 스쳐 지나갑니다. 발을 동동 구르며 손을 번쩍 들어 택시를 부릅니다. 그러나 눈을 씻고 봐도 빈 택시를 찾기가 힘듭니다. 어쩌다 멈춰선 택시는 창문을 내린 후 방향을 묻고는 이내 사라져버렸습니다. 화가 났지만, 어찌할 방법이 없습니다.

'휴, 걸어가자.'

집은 걷기에는 먼 거리입니다. 하지만 진석은 일단 걸어가기로 했습니다. 이 번잡한 곳을 벗어나면 택시 잡기가 수월하리라는 생각도 들었습니다.

손과 얼굴을 비비며 한참을 걸어가는데 저 앞에 전봇대에 기댄 채 힘겹게 서 있는 사람이 보였습니다. 몸이 휘청거리고 목이 까딱까딱했습니다. 그는 호주머니에서 휴대폰을 꺼내 만지작거리다가 이내 그것을 떨어뜨렸습니다. 그러고는 휴대폰을 줍기 위해 허리를 숙이다 그만 앞으로 고꾸라지고 말았습니다. 한눈에 봐도 술에 많이 취해 있었습니다.

'그냥 지나갈까?'
'아니야. 날도 추운데 얼어 죽을지도 몰라.'
'괜히 나섰다가 일만 복잡해지는 거 아냐?'
'그래도 사람이 그러면 안 되지.'

머릿속에서 이런저런 생각들이 부딪쳤습니다.

그러다 진석은 다행히 좋은 쪽으로 결론을 내렸습니다. 취객에게 다가가 조심스럽게 말을 걸었습니다.

"여보세요. 괜찮으세요?"

"……."

아무런 반응이 없습니다. 이어 어깨를 톡톡 두드렸습니다.

"여기서 이러시면 안 돼요. 집에 가셔야죠. 일어나세요."

역시나 별 반응이 없습니다. 진석이 어깨를 잡고 흔들자 그제야 취객은 눈을 떴습니다.

"일단 허리를 좀 펴세요. 집이 어디에요?"

그는 너무 취해 정신이 없는 듯했습니다. 아무런 대답도 없이 퍼져 앉아 계속 한숨만 내쉬었습니다. 그러더니 대뜸 괴로운 표정을 지으며 이렇게 말했습니다.

"나 힘들어. 힘들어 죽겠어."

힘들다는 그 말이 참으로 쓸쓸하게 들렸습니다. 단지 술을 많이 마셔 몸이 힘들다는 이야기는 아닌 듯했습니다. 정말로 무언가 힘든 일을 겪은 듯했습니다. 안쓰러운 생각이 들었습니다.

그는 계속해서 횡설수설했습니다. 무슨 말을 하는지 당최 알아들을 수 없었지만 유독 사이사이에 내뱉는 "힘들어"라는 말만큼은 또렷이 들렸습니다.

'아, 정말 힘들구나.'

진석은 취객 옆에 나란히 쪼그려 앉았습니다. 그리고 그가 기댈 수 있게 잠시 한쪽 어깨를 내주었습니다.

"잠깐 여기 기대세요."

"나 힘들었어요."

그는 혀 꼬인 말투로 힘들다는 말을 다시 내뱉었습니다. 그러더니 이내 눈물을 흘리기 시작했습니다.

'이 일을 어쩌지?'

지나가는 사람들이 진석과 취객을 힐끔힐끔 쳐다보았습니다. 진석은 창피한 마음이 들었습니다. 거기다 겨울바람은 살을 에듯 매서웠습니다. 정말 난감한 마음이었지만 어떻게 해야 할지 몰라 진석은 그냥 그대로 있기로 했습니다. 한 5분 정도 그렇게 어깨를 내준 채 가만히 옆에 앉아 있었습니다.

"괜찮아질 거예요."

딱히 할 말이 없던 진석은 위로랍시고 한마디 건넵니다. 그랬더니 그는 들릴 듯 말 듯한 목소리로 웅얼거렸습니다.

"고마……. 힘……."

그 말과 함께 그는 이를 보이며 배시시 웃었고 이내 다시 푹 쓰러졌습니다. 더 이상은 무리라 싶었던 진석은 그의 휴대폰을 열어 1번을 눌러 봅니다. 다행히 그의 아내가 전화를 받았고 얼마 지나지 않아 그의 가족이 나타났습니다. 취객은 가족과 함께 그 자리를 떠났고 그렇게 취객과의 만남이 일단락되었습니다.

진석은 다시 터벅터벅 집으로 길을 나섰습니다. 찬바람을 맞고 작은 소동을 겪어서인지 술기운은 완전히 사라졌습니다. 택시는 여전히 잡히지 않습니다.
지인과 한바탕 언쟁을 벌이고 추운 날씨에 홀로 걸어야 하는 이 시간이 쓸쓸했습니다. 그러나 진석의 마음 한편으론 즐거운 생각이 들었습니다.
'일면식도 없는 누군가에게 어깨를 빌려주다니……. 나에게 위로의 말을 건넬 여유가 다 있었던가.'
괜히 마음이 따뜻해집니다. 진석은 자신도 모르게 휴대폰을 꺼냈습니다. 잠시 망설이다가 아까 말다툼을 했던 지인에게 전화를 걸었습니다. 아직 자리가 끝나지 않았다고 합니다. 옹졸하게 굴어 미안하다는 말을 건넵니다. 수화기 너머에서도 사과의 말이 들려왔습니다.
문득 취객이 마지막에 보여주었던 미소가 떠올랐습니다. 술에 취해 배시시 웃는 모습이 그리 아름다울 리는 없건만 왠지 따라 미소 짓게

합니다. 진석은 그 웃음의 의미를 생각해봅니다.

아마도 '내 마음 알아주는 이가 이 세상에 있구나' 하는 공감과 안도의 미소가 아니었을까? 왠지 그가 미소를 통해 그런 말을 한 것만 같았습니다.

종일 기분이 좋지 않고 찜찜했지만, 진석의 오늘 하루는 훈훈한 해피엔딩으로 끝을 맺었습니다.

여전히 바람이 차가웠지만 견딜 만했습니다. 아직 마음에 온기가 식지 않은 까닭일 겁니다.

생각만 하다 놓쳐버리는 두 번째 이야기

이거 민국이 거

장난꾸러기
내 동생

엄마는 의사로부터 청천벽력과도 같은 이야기를 들었습니다.

"암입니다."

"예? 암이라고요? 이제 겨우 초등학생인데요? 검사가 잘못된 거 아닌가요?"

"저도 혹시나 하고 세 차례나 검사했습니다. 그런데 확실합니다."

"선생님, 우리 민수 앞으로 어떻게 되는 거죠?"

"치료를 받아야죠."

민수가 암에 걸렸다는 소리를 듣자마자 엄마는 닭똥 같은 눈물을 흘렸습니다. 왜 내 아들에게 이런 일이. 엄마의 눈물은 멈추지 않았습니다.

그때, 잠시 화장실을 다녀온 민수가 진료실로 들어왔습니다. 엄마는 재빨리 눈물을 닦았습니다. 엄마는 민수를 아무 말 없이 안았습니다.

"엄마, 저 괜찮은 거죠? 의사 선생님, 저 괜찮은 거죠?"

엄마는 민수의 등을 토닥거리며 말했습니다.

"그래, 괜찮아. 물론이지. 치료만 조금 받으면 괜찮아. 그렇죠, 의사 선생님?"

"예. 그럼요. 크게 걱정하지 않아도 됩니다. 좋아질 거예요."

엄마는 금방이라도 다시 눈물이 터져 나올 것 같았지만 이를 악물었습니다. 앞으로 민수가 겪어야 할 고통이 얼마나 큰지 잘 알기에 차마 민수 앞에서 눈물을 보일 수가 없었습니다.

며칠 후, 민수의 치료가 본격적으로 시작되었습니다. 방사선과 주사가 병행된 치료. 어려운 치료인데도 민수는 잘 견뎌냈습니다. 2주 후에 다시 치료를 받았습니다. 그리고 또 몇 주 후에도 치료를 받았습니다. 치료 기간이 길어질수록 민수도 점점 지쳐갔습니다.

"우리 아들, 힘들지? 조금만 더 참자. 응?"

"예."

치료 과정도 힘들고 복용하는 약도 워낙 독하다 보니 민수의 몸은 많이 쇠약해지고 머리카락도 한 움큼씩 빠졌습니다.

그 후로 몇 차례 더 치료를 받았고 급기야 민수의 머리카락은 완전히 다 빠지고 말았습니다. 빡빡머리가 된 것입니다.

그러던 어느 날이었습니다.

엄마와 민수가 병원에서 치료를 마치고 집에 돌아왔습니다. 그런데 집에 들어서자마자 엄마는 깜짝 놀라고 말았습니다. 집 안이 완전히 난장판이 되어 있었습니다.

거실은 케이크로 범벅이 되고 우유가 사방에 쏟아져 있었습니다. 또 온갖 장난감들이 여기저기 널브러져 있는가 하면 벽은 낙서로 가득했습니다. 여섯 살짜리 여동생 희수가 온 집 안을 엉망으로 만들어놓은 것입니다.

순간, 엄마는 화가 났습니다. 민수 때문에 가뜩이나 힘들어 죽겠는데 딸까지 이러니 너무나 속이 상했습니다. 여태 그런 적이 없었는데 엄마는 처음으로 매를 들었습니다. 엄마는 희수의 엉덩이를 때렸습니다.

"아무리 어리다지만 너 지금 이게 뭐하는 짓이야? 네 눈에는 오빠가 안 보여? 치료받는 게 얼마나 힘들었으면 머리카락이 다 빠졌겠어. 지금 오빠 많이 아프단 말이야. 그런데 이렇게 집을 엉망으로 만들면 어떻게 해!"

희수는 엉엉 울었습니다. 그러자 민수가 엄마를 말렸고 희수를 안아 줬습니다.

"괜찮아, 희수야. 오빠가 놀아주지 못해 미안해. 괜찮아. 자, 오빠 봐. 머리카락 없으니까 웃기지? 정말 웃기지? 만지고 싶으면 만져봐. 어서."

희수는 엄마의 눈치를 살피더니 이내 민수의 빡빡머리를 만졌습니다.

"히히."

희수는 언제 울었냐는 듯 입가에 미소가 번졌습니다.

며칠 후, 치료를 받고 엄마와 민수는 집으로 돌아왔습니다. 그런데 이번에도 현관문을 열자마자 또 놀라고 말았습니다.

"희수야, 너 머리가 왜 그래?"

어깨 밑까지 내려왔던 긴 머리카락이 다 사라지고 쥐가 파먹은 것처럼 군데군데 머리카락이 싹둑 잘려나가 흉하게 변해 있었습니다. 희수가 가위로 자기 머리카락을 자른 것입니다.

"도대체 너 왜 이러니! 언제까지 장난만 칠 거야!"

엄마는 희수를 야단쳤습니다. 민수도 더는 화를 참지 못하고 한소리 했습니다.

"희수야, 이제 곧 있으면 너도 학교 가잖아. 이런 짓 하면 안 되잖아, 희수야."

그러자 희수는 울먹거리며 손을 내밀었습니다. 그 손에는 머리카락이 한 움큼 있었습니다. 희수는 오빠를 보며 말했습니다.

"오빠, 자 여기. 이걸로 오빠 해."

희수가 자신의 머리카락을 빡빡머리 오빠에게 선물한 것입니다. 순간, 엄마와 민수는 울컥했습니다.

"고마워, 희수야. 오빠는 그런 줄도 모르고……."

민수는 희수를 꼭 안아줬습니다. 엄마는 도저히 눈물을 참을 수 없었습니다. 눈물이 와르르 쏟아졌습니다. 엄마는 민수와 희수 둘을 꼭 안아줬습니다.

까치발
사랑

열한 살 누나와 아홉 살 남동생은 공부방에서 공부를 마치고 집으로 돌아가는 길이었습니다.

"누나, 우리 저기서 놀다 갈까?"

"배 안 고파? 얼른 집에 가서 밥 먹자. 응?"

"싫어. 놀다 갈 거야."

"그래, 알았어. 그럼 30분만 노는 거다."

"와, 신 난다."

남매는 펌프장 주위에서 뛰어놀았습니다.

"누나, 나 잡아봐. 내가 도둑이고 누나는 경찰이야. 메롱."

동생은 혀를 내밀며 철판 위로 올라갔습니다.

"너 거기 서!"

누나도 동생을 잡으러 철판 위로 올라갔습니다.

그런데 그때 그만 사고가 나고 말았습니다. 철판이 구부러지면서 동생이 아래로 떨어진 겁니다.

"아악."

"내 손 잡아."

가까스로 누나는 동생의 손을 잡았습니다. 그런데 동생을 끌어올릴 만큼의 힘이 없었습니다. 결국 누나도 함께 떨어지고 말았습니다.

"으아악!"

비명과 함께 풍덩 소리가 났습니다. 펌프장 안은 깊은 우물처럼 어둡고 물로 차 있었습니다. 누나는 정신을 차렸습니다. 일어나보니 다행히 물이 목까지만 올라왔습니다.

"건아, 건아. 너 어디 있니?"

순간, 하나의 생각이 스쳐 지나갔습니다.

'어떡하지? 건이는 키가 작은데…….'

누나는 재빨리 손을 뻗어 물속에 있는 동생을 잡아 일으켜 세웠습니다. 그런데 역시 동생은 키가 작아 물속에 잠길 수밖에 없는 상황이었습니다. 큰일이었습니다.

'동생을 살려야 해. 동생을 물 밖으로 나오게 해야 해.'

누나는 동생을 업었습니다. 그리고 까치발을 들었습니다. 그제야 겨우 동생이 숨을 쉴 수 있었습니다.

만약에 누나마저도 물속에 잠겼다면 둘은 꼼짝없이 불행한 일을 당했을 겁니다. 다행히도 수심은 130센티미터였고 누나의 키는 153센티미터였습니다.

누나는 7미터 위의 허공을 향해 "살려주세요" 하고 고함을 쳤습니다. 동생도 함께 "살려주세요"를 외쳤습니다.

그러나 아무 대답이 없었습니다.

"누나……, 우리 이대로 죽는 거야?"

"그런 소리 하지 마. 분명히 어른들이 구해줄 거야."

누나는 동생을 안심시켰습니다. 그런데 실은 누나도 무서웠습니다. 칠흑 같은 어둠, 물, 추위 그리고 언제 구조될지 모르는 막막함. 누나도 가슴속이 덜덜덜 떨렸습니다.

더 큰 문제는 누나가 아래로 추락할 때 어깨와 허벅지를 심하게 부딪쳐 몸을 다쳤다는 겁니다. 통증이 느껴졌지만 동생 때문에 어떻게 할 수가 없었습니다. 조금이라도 몸을 움직이면 동생이 흘러내릴까 봐 몸을 움직일 수조차 없었습니다. 그저 통증을 참는 수밖에 달리 도리가 없었습니다.

"누나, 힘들면 그냥 나 내려놔."
"그게 무슨 소리야. 누나만 믿어. 누나는 괜찮아."

시간이 지나자, 누나도 점점 한계에 도달했습니다. 동생의 무게와 부상의 통증 때문에 정신이 혼미해졌습니다. 삶과 죽음의 경계에 서서 누나는 마지막까지 까치발을 세우며 사투를 벌였습니다.

"제발 좀 도와주세요. 사람 좀 살려주세요."
목이 터져라 울부짖었습니다.
그때였습니다.
"거기 누구 있어요?"
그 한마디에 누나는 왈칵 눈물을 쏟았습니다.
"예. 여기 사람 있어요. 구해주세요. 빨리요."
몇 분 후, 소방관이 왔습니다. 긴 밧줄을 타고 소방관이 내려와 남매를 구했습니다.
"괜찮니?"
"예."
대답과 동시에 누나는 그 자리에 쓰러졌습니다. 얼굴은 하얗게 질려 있었고 입술은 새파랬습니다. 조금이라도 늦었다면 영영 그곳에서 나오지 못할 뻔했습니다. 잠시 뒤, 누나는 정신을 차렸습니다.

"누나, 괜찮아?"

"응. 괜찮아."

"누나, 고마워. 누나가 아니었으면 나 죽었어."

"누나만 믿으라고 했잖아. 건아, 너 괜찮지?"

"응. 누나 고마워……."

"아니야. 건아, 살아줘서 고마워. 사랑해."

"나도 누나."

우리도 누군가의 까치발 덕분에 지금까지 살아올 수 있었겠지요. 이렇게 사랑은 누군가를 위해 까치발로 서는 것이 아닐까요. 이제는 우리가 그 누군가의 까치발이 되어야 할 것 같습니다. 예전에 썼던 〈아가페 사랑〉이란 시를 띄웁니다.

그대가 늪에 빠져 허우적거릴 때

내 팔 하나쯤이야

나뭇가지인 양 슬그머니

그대에게 내밀 것이다

급기야 늪에,
몸의 반이 잠겨
그대가 필사적으로 내 목을 감아도

나는,

그대보다 더 깊게
더 깊게
늪의 맨 밑바닥으로 내려가

그대가 나를 밟고
다시 일어설 수 있게
아무 말도 없이 통나무가 되리라

어머니에게 가는 길, 335킬로미터

중국에 한 청년이 있었습니다.

그 청년은 젊었을 때 꼭 한번 해보고 싶은 일이 한 가지 있었습니다. 다름 아닌 걸어서 전국 일주를 하는 것이었습니다. 그러나 하고 싶은 일만 하며 살 수는 없는 게 인생입니다. 젊었을 때는 당장 주어진 일을 해야 하고 돈도 벌어야 합니다. 청년 역시 그런 생각으로 감히 전국 일주를 꿈도 꾸지 못했습니다.

어느 날, 문득 이런 생각이 들었습니다.
'그래, 언제까지 미룰 거야? 지금 미루면 늙어 죽을 때까지도 할 수

없을 거야.'

그는 마침내 마음의 결정을 내렸습니다. 꼭 해보고 싶었던 '걸어서 전국 일주'를 하기로.

그날 저녁, 청년은 가족을 한자리에 다 모은 후 자신의 꿈을 밝혔습니다.

"전 다음 주에 떠날 겁니다. 젊었을 때가 아니면 언제 하겠어요? 허락해주세요."

청년의 선언에 가족들이 놀라긴 했지만 그래도 그의 의견에 동의해줬습니다. 그런데 문제는 어머니였습니다. 어머니가 뜻밖의 이야기를 꺼냈습니다.

"젊든 늙든 아프든 안 아프든, 누구나 다 하고 싶은 일이 있기 마련이지. 나도 하고 싶은 일이 있단다."

"어머니, 하고 싶은 일이 뭐예요? 말씀해보세요."

어머니는 잠시 머뭇거리더니 이내 입을 열었습니다.

"관광지로 유명한 윈난성雲南省의 시솽반나西雙版納에 가보는 거란다. 걸어서 말이야."

"걸어서요? 그 먼 곳까지요?"

"그래, 여행은 걸어서 가야 진짜 아니겠니? 죽기 전에 꼭 한번 해보고 싶구나."

사실 그 먼 곳까지 걸어서 간다는 건 무리입니다. 특히 어머니에겐. 어머니는 연세도 많았고, 더군다나 어릴 적 앓았던 소아마비로 거동이 불편해 휠체어 생활을 하는 분이었습니다.

청년은 어머니의 눈빛에서 간절함을 읽었습니다. 그동안 얼마나 답답하셨을까. 그 휠체어에서 평생을 사셨으니. 그래, 나도 꿈을 이루고 어머니의 소원도 이뤄드리자.

청년은 전국 일주 계획을 수정했습니다. 혼자 떠나는 게 아니라 어머니와 함께하는 걸로.

"어머니, 우리 함께 가요."

물론 아버지와 형은 극구 반대했습니다. 그러나 가슴속 꿈을 가진 이들을 그 누가 막을 수 있겠습니까?

무더운 7월의 어느 날, 청년과 어머니는 마침내 여행의 첫발을 내디뎠습니다.

"아들, 힘들지 않아?"

"괜찮아요. 어머니는 불편하지 않으세요?"

"응. 나는 괜찮다."

청년은 휠체어를 밀며 오르막길을 올랐습니다. 단번에 오를 수 있을 거라 생각했지만 막상 해보니 힘에 부쳤습니다. 가다 쉬다를 몇 번이나 반복한 끝에 겨우 꼭대기에 도달할 수 있었습니다.

비가 오는 날에도 쉬지 않았습니다.

"어머니, 비도 오는데 오늘은 쉴까요?"

"난 괜찮다. 비를 맞는 것도 참 낭만적이지 않니?"

"제 생각도 그래요. 그럼 가볼까요."

새벽 5시에 일어나 저녁 9시까지 계속 걸어갔습니다. 발은 다 부르트고 부실한 먹거리로 끼니를 때우며 쪽잠을 자는 생활이 이어졌습니다. 하루하루가 힘든 여정이었지만 그래도 행복했습니다. 낯선 곳에서 맞이하는 아침, 새로운 사람들과의 만남, 직접 눈으로 보는 유적지……. 집을 떠나지 않으면 얻을 수 없는 소중한 것들을 여행을 통해 다 경험할 수 있었습니다.

전화를 드리면 아버지는 늘 아들과 어머니를 설득했습니다.

"이제 그만큼 했으면 됐으니까 그만하고 비행기나 기차를 타고 가."

"괜찮아요. 저랑 어머니는 지금 정말 행복해요."

어느덧 3개월이라는 시간이 지났습니다. 두 모자는 온갖 고생 끝에 마침내 꿈의 목적지에 도착하기에 이르렀습니다.

"어머니, 도착했어요. 드디어 우리가 해냈어요."

"그렇구나. 정말로 고생 많았다. 무거운 휠체어를 미느라 얼마나 힘들었니?"

"아니에요. 어머니랑 함께해서 더 좋았어요. 정말 기뻐요."

"나도 정말로 기쁘구나."

베이징을 출발해 허베이, 허난, 후베이, 후난, 구이저우 등을 거쳐 시쌍반나에 도착한 것입니다. 이동한 거리가 무려 335킬로미터나 됩니다. 여행하는 동안, 청년의 몸무게는 무려 30킬로그램이나 빠졌습니다. 사실 중간에 포기하고 싶었던 때도 많았습니다. 그런데도 포기할 수 없었던 건 새로운 장소에 닿을 때마다 어머니가 기뻐하시는 모습 때문이었습니다.

그 힘들었던 여정 덕분에 죽을 때까지 잊지 못할 둘만의 추억을 남길 수 있었습니다. 세상 그 누구도 모르는 엄마와 아들, 그 둘만의 추억을 말입니다.

그대와 함께 떠난
제주도　여행

　　나와 내 아내는 신혼여행을 가지 못했습니다. 결혼식을 앞두고 아내가 많이 아팠기 때문입니다. 병원에 입원해야 할 상황까지 갔지만 그렇다고 이미 날짜가 다 잡힌 결혼식을 미룰 수도 없었습니다. 아내는 꾹 참고 결혼식을 올렸지만 신혼여행은 무리였습니다. 나와 아내가 계획한 신혼여행지는 제주도였는데 그렇게 신혼여행, 제주도는 물 건너갔습니다. 그래서 그런지 몰라도 지금도 제주도라는 단어만 들으면 괜히 가슴이 짠해집니다.

　　그런데 며칠 전, 제주도 여행에 관한 감동적인 기사 하나를 접했습니다. 기사의 헤드라인은 '네티즌 67만의 힘'이었습니다.

내용은 이렇습니다.

지하철택배회사에 다니는 한 할아버지가 팻말을 들고 서 있는 사진 한 장이 페이스북에 올라왔습니다. 그 팻말에는 이렇게 적혀 있었습니다.

"회사에서 '좋아요' 1만 번 넘으면 아내랑 제주도 여행을 보내준대요. 젊은이 여러분, 도와주세요."

이 사진을 접한 네티즌들은 너나 할 것 없이 '좋아요' 버튼을 눌러대기 시작했습니다. '좋아요' 수가 엄청난 속도로 늘어났습니다. 그리고 마침내 1만 번이 넘었습니다. 그런데 '좋아요' 수는 거기에서 멈추지 않았습니다. 순식간에 2만이 되더니 5만을 넘고 급기야 10만을 달성하기에 이르렀습니다. 그런데 그것도 끝이 아니었습니다. 며칠이 지나자 20만, 30만…… 폭발적으로 수가 늘어났습니다. 그리고 끝내는 67만이라는 기록적인 수까지 도달했습니다.

결국, 할아버지는 네티즌들의 뜨거운 호응과 응원에 힘입어 회사로부터 제주도 여행 티켓을 받을 수 있었습니다.

기쁨도 잠시. 할아버지의 마음은 큰 바위를 짊어진 듯 무거웠습니다. 그 이유는 네티즌들에게 숨긴 게 있었기 때문입니다. 그러던 중, 할아버지는 우연한 기회에 라디오에 출연하게 되었습니다. 이때다 싶어 할아버지는 고백했습니다.

"사실 제 아내는 오래전에 죽었습니다. 유방암에 걸렸는데 몇 년 후 대장암도 발병하더니 폐로 전이됐고 뇌까지 번져갔습니다. 결국 그렇게 아내를 먼저 하늘나라로 떠나보냈습니다. 전 병상에 누워 있던 아내에게 늘 이렇게 말했습니다. '당신은 살 수 있어. 그러니 힘내. 당신 칠순 때는 우리 함께 제주도 여행도 다녀오자. 그러니 꼭 살아야 해.' 제주도 여행을 함께 가지 못한 게 한으로 남았습니다."

할아버지는 울먹이며 말을 이어갔습니다.

"당신, 너무 늦었지만 이제라도 함께 제주도에 갑시다. 내 당신의 영정 사진을 품에 꼭 안고 가리다."

할아버지는 출퇴근할 때마다 아내의 영정 사진을 보며 '나 다녀오리다' '나 잘 다녀왔수다' 하며 늘 인사를 한다고 했습니다.

할아버지의 고백에 다들 마음이 찡했던지 다행히 비난하는 사람은 없었습니다. 며칠 후, 할아버지는 영정 사진을 가슴에 품은 채 제주도로 여행을 떠났습니다. 제주도에 도착한 할아버지는 공항 앞에서 팻말을 든 사진 한 장을 공개했습니다.

"젊은이 여러분 감사합니다. 67만 명의 '좋아요' 응원 덕분에 제주도에 도착했습니다. 2박 3일 동안 즐거운 여행 보내겠습니다. 감사합니다."

이 기사를 읽은 후, 나는 아내를 물끄러미 바라봤습니다. 안쓰럽고 미안하기 그지없습니다. 결혼 후, 여러 사정으로 단둘이 여행 간 적이 한 번도 없었기 때문입니다.
　"우리 여행이나 갈까?"
　아내는 아무런 대답이 없었지만 분명 내심 바랐을 겁니다. 부디 여행을 갈 수 있도록 아무 일이 없어야 하는데……. 좋은 날이 오길, 그럴 수 있길 하늘에 기원해봅니다.

마음을
알아준다는 것

　오늘은 서희가 병원에 가는 날입니다.
　산후 조리를 제대로 못하는 바람에 산후풍이 왔고 그 후유증으로 우울증까지 찾아왔습니다. 모든 일에 의욕이 떨어지고 몸 여기저기가 쑤시고 풍선 바람 빠지듯 온몸에서 힘이 빠져나가는 느낌이었습니다.
　특히 다른 사람과의 작은 의견 충돌만으로도 몹시 스트레스와 상처를 받습니다. 예전에는 몸과 마음이 참으로 강했고 대인관계도 원만했는데 요즘은 대수롭지 않은 일에도 자꾸 짜증이 나고 가슴이 답답하기만 합니다. 결국 병원에서 상담 치료와 함께 약의 도움을 받기로 했습니다.

"서희 씨, 일주일 동안 어땠습니까? 잘 지내셨어요?"

"잘 지냈다고는 볼 수 없고, 뭐 그럭저럭요."

"아이 낳고 흔히 찾아오는 병이니 너무 걱정하지 마세요. 약 잘 먹고 마음을 잘 다스리면 곧 회복될 겁니다."

의사 선생님의 부드럽고 다정한 말투에 서희의 마음은 한결 나아졌습니다. 한 10여 분 동안 의사 선생님과 이런저런 대화를 나눴습니다.

"그럼 2주 후에 뵐게요. 스트레스 받지 말고 즐거운 일 찾아 하세요. 아셨죠?"

"예. 감사합니다."

서희는 꾸벅 인사를 하고 돌아섰는데, 진료실 문 앞에 서자 잠시 망설여졌습니다. 그 문을 열고 나가고 싶지 않았습니다. 의사 선생님과 더 많은 이야기를 나누며 위로받고 싶었습니다. 그러나 순서를 기다리는 다른 환자들 때문에 어쩔 수 없이 문을 열고 나왔습니다.

남편 창수는 서희에게 다가갔습니다.

"뭐라고 하셔? 언제 또 오래?"

"천천히 얘기하자. 잠깐 쉴래."

서희와 창수는 1층 로비에서 의자에 나란히 앉았습니다.

"좀 안정됐어?"

"⋯⋯응."

"이제 집에 가야지."

"좀 더 있다 가자."

그 후로도 서희는 병원에 자주 갔습니다.

진료일이 아닌데도 병원에 출근하다시피 했습니다. 병원 로비 의자에 앉아 한나절을 보내기도 하고 길게는 아침에 갔다가 저녁 늦게 집에 돌아오기도 했습니다. 서희의 이런 행동에 창수는 고개가 갸웃거려집니다.

"진료일도 아닌데 병원에는 자꾸 왜 가?"

"나도 모르겠어. 집보다 병원이 더 좋은 것 같아. 집에 있으면 답답하고 불안하고 여기저기 아픈 것 같기도 해."

"집이 불편해?"

"그건 아냐. 하지만 그냥 병원에서 흰 가운만 봐도, 다른 환자들만 봐도 마음이 편해져."

"혹시 내가 싫은 거 아냐? 나랑 있으면 자주 다투니까 일부러 피하는 거 아니냐고?"

"아니라니까."

서희는 날만 밝으면 병원에 갔습니다. 창수는 그런 서희의 행동을 도저히 이해할 수 없습니다.

'다들 하루빨리 병원에서 벗어나고 싶어 하는데 병원이 뭐가 좋다고 그러는지 원…….'

창수는 기분이 언짢아졌습니다. 자신과 함께 있는 게 불편해서 병원이 더 좋다고 하는 건 아닌가 하는 생각이 들었기 때문입니다.

어느 날, 창수는 서희 몰래 의사 선생님을 찾아갔습니다. 아내가 진료일도 아닌데 자꾸 병원에만 있으려고 하는 게 무언가 문제가 있나 싶어 의사 선생님을 만나러 온 겁니다.

"그럴 수 있죠. 충분히 그럴 수 있습니다. 환자분은 자신과 같은 처지의 사람들을 보면서 위로를 받고 있습니다. 그러기 때문에 가장 가까운 사람들의 위로와 관심이 필요합니다. 그게 채워지지 않으면 병원에 계속 의지할 겁니다."

의사 선생님은 이어 오 헨리의 단편소설 〈강도와 신경통〉 이야기를 창수에게 들려줬습니다.

어느 집에 강도가 들었습니다. 강도는 잠자던 주인을 깨우고 권총으로 위협했습니다.

"손들어!"

주인은 왼손을 번쩍 들었습니다. 그러자 강도는 고함을 쳤습니다.

"오른손은 왜 안 들어? 어서 들어!"

그러자 주인은 떨리는 목소리로 말했습니다.

"죄송합니다. 오른손은 신경통 때문에 제 맘대로 움직일 수가 없습니다. 이해해주세요."

강도는 고개를 끄덕이더니 갑자기 부드럽게 말했습니다.

"고생 참 많으시죠?"

"예?"

"사실은 저도 신경통 때문에 이 짓을 하고 있습니다."

강도는 신경통 때문에 오른손이 불편해 제대로 일을 못했던 것입니다. 강도와 주인은 신경통이라는 주제에 깊이 공감했습니다. 둘은 어떤 약이 좋고 어떻게 치료해야 효과적인가 등 신경통에 관해 밤새 이야기를 나눴습니다.

그렇게 새벽이 왔고 강도는 주인에게 아무런 피해를 주지 않고 집을 나섰습니다.

이 이야기를 듣고 창수는 깨달은 바가 컸습니다. 무엇보다도 아내의 마음을 이해할 수 있게 되었습니다. 같은 처지의 사람들을 보는 것만으로도 큰 위로가 된다는 사실 말입니다. 그리고 자신의 역할이 얼마나 중요한지도 알게 되었습니다.

똑같이 아플 수는 없지만 그 아픈 마음을 나누는 게 자신의 몫이라 생각한 것입니다. 마음을 알아준다는 것, 그게 바로 사랑의 첫걸음이었습니다.

칭찬은
힘이 세다

어느 날, 주인은 황소를 끌고 사람들이 많이 모여 있는 장터로 나갔습니다. 많은 사람 앞에서 황소를 자랑하고 싶었거든요.

"여러분, 저 좀 보세요. 이 황소가 얼마나 힘이 세고 튼튼한지 보여드리겠습니다. 저 수레를 끌어보겠습니다."

사람들은 고개를 내저었습니다. 아무리 힘이 센 황소라고 해도 그 수레를 끌기엔 무리라고 보았기 때문입니다. 그 수레엔 엄청난 크기의 바위가 실려 있었습니다.

"이 황소는 내 말을 아주 잘 듣습니다. '끌어라!' 하면 끕니다. 자, 두고 보십시오. 이제 시작합니다."

주인은 황소를 수레 앞으로 끌고 갔습니다. 그리고 황소의 귀에 속삭였습니다.

"야, 이놈아! 너, 저 수레를 못 끌면 오늘 밥 한 톨도 없을 줄 알아."

황소는 수레를 끌기 위해 힘을 주기 시작했습니다. 그러나 수레는 꼼짝도 하지 않았습니다. 사람들은 고개를 내저으며 말했습니다.

"그럼 그렇지. 어떻게 저 무거운 걸 끌 수 있겠어. 괜히 황소만 고생시키지 말고 그만 하세요."

사람들에게 창피를 당한 주인은 황소를 더더욱 닦달했습니다.

"이 멍청한 소야! 어서 끌란 말이야. 힘을 써. 힘을 쓰란 말이야."

이 이후의 이야기는 어떻게 되었을까요? 황소가 수레를 끌었을까요? 아니면 영영 수레를 끌지 못했을까요. 이후의 이야기는 이렇습니다.

황소는 끙끙거리며 주인에게 이렇게 말했습니다.

"주인님, 정말로 너무하세요. 사람들 앞에서 이렇게 창피를 주면 어떻게 해요? 있는 힘도 다 사라집니다. '오냐 오냐, 잘한다 잘한다' 그래야 제가 힘을 쓰죠. 안 그래요?"

주인은 머리를 긁적거리며 이번에는 상냥한 말투로 말했습니다.

"내가 많은 소를 겪어봤지만 너만큼 훌륭한 소는 보질 못했다. 네가 최고다. 최고로 힘이 세고 강하다. 안 그러니? 넌 할 수 있을 거야."

주인의 말이 끝나기가 무섭게 황소는 힘을 냈습니다. 놀랍게도 꼼짝도 하지 않던 수레가 움직이기 시작했습니다.

무거운 수레 앞에서 쩔쩔매던 황소가 어떻게 갑자기 괴력을 발휘해 수레를 끌 수 있었던 걸까요? 그건 바로 비난의 말이 아닌 칭찬의 말을 들었기 때문입니다.

한 TV 프로그램에서 비난과 칭찬의 말이 가진 위력에 대해 실험한 적이 있습니다. 하얀 쌀밥을 두 그릇에 담았습니다. 한 그릇에는 사랑한다는 말과 칭찬의 말을 매일 같이 해줬습니다. 그리고 다른 그릇에는 싫고 밉다는 말을 매일 같이 해줬습니다.

4주 후, 놀라운 일이 벌어졌습니다.

사랑과 칭찬의 기운을 받은 쌀밥에는 하얀 곰팡이가 피었고 누룽지 향이 났습니다. 그런데 비난의 말을 들은 쌀밥엔 검은 곰팡이가 피었고 그 냄새는 구역질이 나올 정도로 퀴퀴했습니다.

쌀밥만이 아닙니다. 두 화분을 놓고도 똑같은 실험을 했습니다.

하나는 칭찬의 말, 다른 하나는 비난의 말을 들려주며 키웠습니다. 결과는 똑같았습니다. 하나는 아름다운 꽃을 활짝 피웠고 다른 하나는 시들어 죽고 말았습니다.

말 한마디의 위력, 참으로 무섭고 대단하지 않습니까? 말이 사람을 죽이고 살린다는 게 허튼소리가 아닙니다.

비난은 치명적인 독과도 같습니다. 비난의 말이 마음에 와 닿는 순간, 일단 기운이 빠져나갑니다. 그뿐만 아니라 의기소침해지고 주눅이 들고 자신감을 잃게 됩니다. 아무리 잘나고 똑똑하고 마음이 강한 사람도 비난 앞에서는 속수무책입니다. 무너지기 마련입니다.
애정이 담긴 비판은 어느 정도 용납이 되지만 오직 남을 헐뜯고 주저앉히고 상처 주기 위한 비난은 절대로 삼가야 합니다.
사람은 누구나 다 비난이 아닌 칭찬을 받길 원합니다. 프랑스의 극작가 장 밥티스트 몰리에르는 이렇게 말했습니다.

"우리가 한 것들에 대하여 받을 수 있는 가장 기분 좋은 보상은 그것이 알려진 것을 보는 것이요, 우리를 명예롭게 하는 칭찬으로 박수갈채를 받는 것이다."

비난보다는 칭찬하는 습관을 길러야겠습니다. 아무리 칭찬하려고 해도 그 사람에겐 칭찬거리가 없다고 말하는 사람도 있을 겁니다. 그러나 그건 거짓입니다. 자신의 마음이 닫혀 있고 병들어 있기 때문에 그 사람의 좋은 점이 보이지 않는 것입니다. 칭찬하고자 마음을 먹으면 칭찬거리는 넘쳐납니다.

자, 상대에게 칭찬을 건네보는 건 어떨까요? 칭찬은 서로 기분 좋게 합니다. 지금 당신부터 칭찬의 릴레이를 시작해보는 겁니다.

'엉쌤'의 가르침

선생님의 별명은 '엉쌤'입니다. 엉뚱한 선생님을 줄여 부른 말입니다. 한번은 이런 적이 있습니다.

1교시 수업 종이 울리자, 엉쌤이 교실로 들어왔습니다. 그러더니 대뜸 학생들에게 이렇게 말했습니다.

"교실 안을 잘 찾아봐라. 만 원짜리 네 장을 숨겨뒀다. 찾는 사람이 임자. 그 돈으로 게임방을 가든 피자를 사 먹든 아니면 거지를 도와주든 맘대로 해라. 자, 시작."

학생들은 그 말을 믿지 않았습니다.

"정말요? 에이, 거짓말."

"너희들, 속고만 살았냐? 돈 갖기 싫은 사람은 가만히 있고 돈이 탐나는 사람은 찾도록 해. 찾고 안 찾고는 너희들 자유니까."

선생님의 말에 학생들은 더욱 혼란스러웠습니다. 정말인지 거짓말인지 전혀 알 수가 없었습니다. 서로 눈치만 보다가 한 학생이 자리에서 일어나 돈을 찾기 시작했습니다. 그러자 다른 학생들도 우르르 자리를 박차고 일어나 돈을 찾기 시작했습니다.

"4만 원 다 내가 찾을 거야."

"무슨 소리. 내 거야."

공짜라면 어른 아이 할 것 없이 다들 환장을 합니다. 학생들은 돈을 찾느라 분주했습니다.

그때, 엉쌤이 "하하하" 크게 웃더니 돈을 찾고 있던 한 학생의 머리에 꿀밤을 주며 이렇게 말했습니다.

"야 이놈아. 지금 4만 원이 중요하냐? 4만 원 찾을 시간에 네 가슴속에 뭐가 있는지 그걸 찾아라. 그리고 4만 원이 뉘 집 개 이름이냐? 그걸 내가 너한테 왜 주냐?"

그러더니 교단으로 돌아와 칠판에 수업 내용을 쓰기 시작했습니다.

"자, 자. 그만하고 수업하자."

학생들은 허탈한 표정을 지으며 한숨을 내쉬었습니다.

"휴, 또 속았잖아."

또 이런 적도 있었습니다.

미술 시간에 학생들은 다들 열심히 도화지에 그림을 그렸는데 한 학생은 아무것도 그리지 않았습니다. 지난밤에 뭘 했는지는 모르겠지만 수업 시간에 그만 졸고 만 것입니다.

엉쌤이 문제의 학생에게 다가왔습니다. 학생은 혼날 줄 알고 벌벌 떨었습니다. 그런데 엉쌤은 그 학생의 머리를 쓰다듬더니 이렇게 말했습니다.

"다들 명진이를 잘 봐라. 이놈은 아주 크게 될 놈이다."

다른 학생들은 갸웃거렸습니다. 아무것도 그리지 않았는데 크게 될 인물이라니. 도무지 이해가 되지 않았습니다.

엉쌤은 이어 말했습니다.

"너희 놈들은 다 반성해야 해. 그 작은 도화지에 다 담을 수 있을 것 같아? 너희는 무한대야. 너희 가슴속에 있는 걸 다 꺼내면 우주 공간도 모자랄 판인데 도화지 거기에 구겨 넣고 싶어?"

그러더니 휙 교실 밖으로 나갔습니다. 학생들은 머리를 흔들며 또 한숨을 내쉬었습니다.

"또 왜 저러셔, 정말."

당신 주위엔 엉쌤 같은 분이 있나요? 인생에 꿈이 얼마나 중요한지

가르쳐주고 멋지게 사는 삶이 어떤 건지 방향을 제시해주는 사람. 여전히 너는 가능성을 갖고 있다고 격려해주는 그런 사람이 있나요? 그런 사람이 주위에 있다면 얼마나 행복할까요?

어른이 된 후, 너나 할 것 없이 모두 다 머릿속에 계산기만 채웠지 삶에 중요한 가치가 무엇인지 심각하게 생각하는 사람은 그리 많지 않은 것 같습니다.

가치, 꿈, 방향, 가능성.

이런 말은 꼭 청소년 시절에만 필요한 단어가 아닙니다. 여전히 인생은 진행 중이고 심장은 계속 뛰고 있습니다. 아직 그러한 것들을 버리기에는 우리의 가슴이 여전히 젊고 뜨겁습니다.

이근우 씨가 쓴 《세상은 절대 당신을 포기하지 않는다》를 보면 이런 문구가 나옵니다.

"노래를 잘하는 가수의 가창력 비결이 뭔지 아십니까? 라이브 무대에 자주 서기 때문입니다. 노래를 잘해서 라이브 공연을 하는 게 아니라 라이브 공연을 자주 하다 보니 노래를 잘하게 된 거죠."

그렇습니다. 꿈도 자꾸 꿔본 사람이 꾸는 거고 시도해본 사람이 성취하는 겁니다.

'지금 내 나이에 새삼스럽게 꿈은 무슨. 가능성은 무슨.'

이렇게 생각하지 말고 다시 한번 가슴속에 웅크리고 있는 그 무엇을 흔들어 꺼내보세요. 이제는 엉쌤이 말해주지 않아도, 다그치지 않아도 스스로 알아서 할 나이가 되지 않았나요?

자, 그럼 찾아봅시다. 가슴속의 그것을.
그려봅시다. 여전히 그리지 못한 그것을.

내 인생은
나의 것

파르한은 공대생이었습니다. 하지만 그가 정말로 하고 싶은 일은 따로 있습니다. 바로 사진작가가 되는 것입니다. 그러나 그건 말 그대로 꿈이지 감히 이룰 수 없을 것으로 생각했습니다. 그런데 어느 날, 친구들이 편지 한 통을 내밉니다. 그 편지는 유명 사진작가인 안드레 이스트반이 보낸 편지였습니다.

"안드레 선생님이 너에게 편지를 보냈어."
"그게 무슨 소리야? 그분이 왜 나에게?"
"널 조수로 쓰고 싶대."

파르한은 이 상황이 믿기지 않았습니다.

"도대체 이게 어떻게 된 거야? 조수라니? 말도 안 돼. 그리고 그분은 날 알지도 못할 텐데……."

"정말이라니까. 사실은 우리가 네 가방에서 편지를 꺼내 그분께 보냈어. 네가 찍은 사진이랑 함께 말이야. 그랬더니 이렇게 답장이 온 거야. 물론 네 사진도 좋다고 하셨고."

기쁜 소식에 파르한은 펄쩍펄쩍 뛰었습니다. 그런데 기쁨도 잠시. 파르한은 깊은 고민에 빠졌습니다. 아버지가 반대할 게 뻔하기 때문입니다.

그러던 어느 날 저녁, 아버지는 노트북을 사 들고 집에 왔습니다. 노트북을 보며 기뻐할 파르한을 생각하니 아버지도 절로 입가에 미소가 번졌습니다. 때마침 파르한이 집으로 돌아왔습니다.

"다녀왔습니다."

"그래, 파르한 어서 오너라. 면접은 어떻게 되었니?"

파르한은 잠시 머뭇거리더니 이내 입을 열었습니다.

"안 갔어요. 저는 공학자가 되기 싫어요. 만약 공학자가 된다고 해도 형편없을 거예요……. 전 사진작가가 되고 싶어요."

"아직도 그 소리냐! 그걸 해서 이 정글에서 살아남을 수 있을 거라고 생각하니?"

"물론 보수는 적어요. 그러나 많은 걸 배울 수 있어요."

아버지는 더 큰 목소리로 다그치듯 말했습니다.

"5년 후를 생각해봐. 네 친구들이 좋은 차에 큰 집을 가진 걸 보면, 너는 너 자신을 저주할 거다."

"전 오히려 공학자가 되면, 좌절하고 아버지를 저주할지 몰라요. 차라리 저를 저주하며 사는 게 낫지 않나요?"

"남들이 널 욕할 거야. 내 친구들도 널 이해하지 못할 거야."

"남들이 무슨 상관이에요. 절 목마 태우시고 동물원 구경시켜준 건 그들이 아니라 바로 아버지예요. 아버지가 어떻게 생각하느냐가 중요하지, 그들은 상관없다고요."

여느 때 같으면 이쯤에서 뒤로 물러났을 텐데 오늘 파르한은 달랐습니다. 사진작가, 정말로 하고 싶은 일이었기 때문입니다. 아버지 역시 양보하지 않았습니다.

"내가 허락하지 않는다면 라주처럼 뛰어내릴 셈이냐? 자살할 셈이냐?"

"전 그럴 생각 없어요."

"하여간 네 친구들은 맘에 안 들어."

"아버지께서 싫어하는 제 친구들이 제 지갑에 이 사진을 넣어줬어요. 부모님 사진 말이에요. 그들은 저에게 자살 충동이 들면 이 사진을 보라고 했어요. 내 시체를 보는 부모님의 표정을 상상해보라고 했어요."

파르한은 아버지 앞에 무릎을 꿇고 이야기를 이어갔습니다.

"전 아버지께 자살로 협박하는 게 아니에요. 저의 꿈을 말한 거고 허락을 구하는 거라고요. 전 그 일을 하면 정말로 행복할 거예요. 물론 차도 작고 집도 작을 테지만요."

아버지는 현관 쪽으로 성큼성큼 걸어갔습니다.

파르한은 간절한 목소리로 불렀습니다.

"아버지, 제발요. 아버지."

아버지의 발걸음은 노트북 앞에서 멈췄습니다.

"이 노트북 환불해라. 그 돈으로 최고급 카메라 한 대 사라. 돈이 더 필요하면 말하렴. 그래, 네 인생을 살아라."

아버지의 그 말 한마디에 파르한은 눈물을 흘렸습니다.

"아버지, 고맙습니다."

파르한은 아버지를 힘껏 끌어안았습니다.

이 이야기는 영화 〈세 얼간이〉의 한 장면입니다. 참 많은 부분이 감동적이었지만 특히 이 장면이 기억에 남습니다.

누구나 다 가슴속에 꿈 하나씩은 가지고 있습니다.

그 꿈을 향해 달려가는 사람이 있는가 하면 영영 가슴속에 묻고 사는 사람도 있습니다. 어떤 선택이 더 옳은 삶이라고 단정 지어 말할 순 없습니다. 꿈을 좇는다는 건 그만큼 힘든 고통이 따르기 때문이죠. 그리고 꿈을 좇는다고 해서 꼭 그 결과가 좋다는 보장도 없습니다. 하지만 꿈을 포기하는 것 역시 가슴 아픈 일입니다. 평생 아쉬움과 후회로 살 테니까요.

사실 꿈이든 인생이든 누구나 선택 앞에서 망설이기 마련입니다. 두렵기도 하고 걱정이 되기도 하고 좋은 결과를 상상하기도 하고……. 생각이 많다 보면 결국 아무것도 못하고 마는 때도 있습니다. 그럴 때는 단 하나만 생각하는 건 어떨까요?

바로 '행복'입니다. 어느 쪽이 나를 더 행복하게 만드는가. 행복을 기준으로 판단한다면 선택이 더 쉬워질 겁니다.

이 영화를 보면서 파르한이 참으로 멋져 보였습니다. 그 아버지도 마찬가지입니다. 자신의 꿈이 무엇인지 알고 그것을 포기하지 않으려는 마음과 상대의 꿈을 인정해주는 마음이 말입니다.

부디 우리 모두 꿈과 행복이 일치했으면 합니다. 내 인생은 나의 것이니까요. 그 누구도 대신 살아줄 수 없는 단 한 번뿐인 내 인생이니까요.

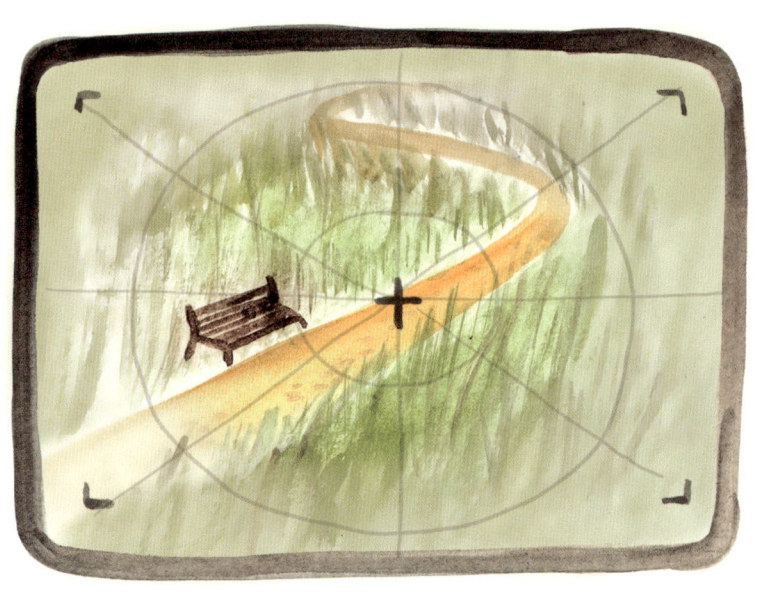

아름다운 사람,
그 철도원

여태껏 영등포역을 몇 번이나 갔을까?

아마도 숫자로 헤아릴 수 없을 만큼 많이 갔던 것 같습니다. 역 근처에서 친구를 만난 것도 수십 차례, 업무를 보다가도 자주 그 역을 지나쳤고 백화점과 지하상가에 가려고 들렀던 적도 많습니다. 그토록 많이 갔지만 그것의 존재를 전혀 몰랐습니다.

그런데 어느 날, 그것을 발견하게 되었습니다. 영등포역 구내에 있는 자그마한 기념비. 그 기념비를 보는 순간 나도 모르게 이 말이 입 밖으로 튀어나왔습니다.

"아, 그 사람!"

그 기념비는 바로 아름다운 철도원, 김행균 씨의 의로운 희생정신을 본받고자 세워진 것이었습니다. 허리를 숙여 기념비를 보았습니다. 거기엔 이렇게 적혀 있었습니다.

"그대의 고귀한 희생을 가슴 깊이 새기리라."

그날, 그에겐 무슨 일이 있었던 걸까요? 그때로 되돌아갑니다.

"여보, 나 다녀올게."
"조심하시고요. 오늘도 힘내세요."
"그래, 알았어."

근무처인 영등포역에 온 철도원 김행균은 여느 때와 다름없이 기분 좋은 마음으로 업무를 시작했습니다. 열차가 잘 운행되고 있는지 운행 시스템을 점검하고 지나가다 마주치는 시민에게 미소 지으며 인사도 건넸습니다. 몸이 불편해 계단을 오르내릴 수 없는 사람들을 도와주고 무거운 짐 때문에 끙끙대는 할머니에게도 도움의 손길을 내밀었습니다.

"김 팀장님, 커피 한잔하시죠."
"한 바퀴 돈 다음에, 그때 하지."

"예. 알겠습니다. 커피 물 끓여놓을 테니까 어서 다녀오세요."

김행균은 역사 여기저기를 돌아다니며 승객들을 위한 안전 점검에 나섰습니다. 많은 사람이 바쁜 걸음을 재촉하며 이리저리 움직였고 선로에는 덜컹덜컹 소리를 내며 열차가 지나다녔습니다. 안전상 큰 문제는 없었습니다. 김행균은 다시 사무실 쪽으로 발걸음을 돌렸습니다.

그런데 그때 위험천만한 상황이 눈앞에 펼쳐졌습니다. 한 아이가 진입하는 열차를 못 봤는지 선로를 걷고 있는 것입니다.

"어, 저런!"

김행균은 손짓하며 아이에게 큰소리로 외쳤습니다.

"얘, 꼬마야! 위험해! 거기서 빨리 나와!"

그러나 아이는 듣지 못했는지 계속해서 선로 위에 있었습니다. 열차는 점점 아이 쪽을 향해 무서운 속도로 달려오고 있었습니다. 일촉즉발의 위기 상황!

김행균은 달려갔습니다. 아이는 여전히 선로에서 꼼짝도 하지 않았습니다. 열차는 아이를 덮칠 기세로 더 가까이 달려들었습니다. 그때야 아이는 산만 한 열차가 자기 코앞에 있다는 걸 알아챘습니다. 아이는 열차를 피하려고 했지만 발이 말을 듣지 않았습니다. 겁이 나 몸이 그대로 굳어버린 것입니다. 아이는 두 손으로 얼굴을 감싸며 "악!" 비명을 질렀습니다.

　열차가 아이를 덮치려는 그 순간, 김행균이 선로로 뛰어들었습니다. 그는 재빨리 아이를 선로 밖으로 밀쳐냈습니다. 아이는 가까스로 열차를 피할 수 있었습니다. 그런데 끔찍한 일이 벌어지고 말았습니다. 육중한 열차가 그를 덮치고 만 것입니다.

　"으악!"

　비명과 함께 그는 정신을 잃었습니다.

　"여보, 정신이 좀 들어요?"

　"여기가 어디지?"

　"어디긴 어디예요. 병원이잖아요."

　그는 다리 쪽에 심한 통증을 느꼈습니다.

　"으으. 도대체 내 다리가 어떻게 된 거지? 왜 이렇게 아픈 거야?"

　아내는 울먹거리며 말했습니다.

　"많이 다쳤어요. 기억 안 나요?"

　"그렇지. 그런데 그 아이는 어때? 괜찮은 거지?"

　"그 아이는 멀쩡해요. 그나저나 지금 그 아이가 문제가 아니에요. 당신 다리가 다 망가졌단 말이에요……."

김행균은 병원에 실려 온 후로 대여섯 차례 대수술을 받았습니다. 부러진 곳의 접합 수술이었지만 생각만큼 수술 성과가 좋지 않았습니다. 발은 모양만 남았을 뿐 제구실을 하지 못했습니다. 상처 부위가 점점 썩어 들어가 거추장스럽고 아팠습니다. 의사는 침통한 표정으로 말했습니다.

"좋은 소식을 전해드릴 수 없어 유감입니다. 제 판단으로는 차라리 왼쪽 무릎 아래를 절단하는 게 좋을 것 같습니다. 그리고 오른쪽도 접합 수술을 했지만 발등뼈가 너무나 손상돼 제대로 모양을 갖추기는 어려울 것 같습니다. 일단 왼쪽 다리 절단에 대해 두 분이 상의해주시고 결론이 나면 저에게 알려주십시오."

의사의 말에 그와 아내는 충격에 휩싸였습니다. 잠시 뒤, 그는 조용한 목소리로 말했습니다.

"절단해야겠어. 연장 수술을 한다고 해도 성공할 확률이 희박하다고 하잖아. 그리고 2년 이상을 누워 있어야 한다는데 난 그럴 수 없어. 내 자식들에게 누워 있는 모습을 더는 보여주고 싶지 않아. 절단하고 재활 치료 열심히 받으면 1년 안에 걸어 다닐 수 있다니 절단 수술을 받아야겠어. 그게 최선의 선택이야."

아내는 마음이 찢어졌습니다.

"여보, 나중에 의술이 좋아져서 다리를 살릴 수도 있잖아요. 그때까지 기다리면 되잖아요. 잘린 다리를 보며 우리가 어떻게 살아요?"

"시간이 지나면 다 괜찮아질 거야. 어서 일어나서 돈 벌어야지. 그래야 내 아이들 공부도 시키고 당신한테 맛있는 것도 사주지. 안 그래?"

아내는 하염없이 눈물만 흘렸습니다.

결국 그의 왼쪽 다리는 사라졌습니다. 오른쪽 발도 뒤꿈치만 남긴 채 발등과 발가락은 원래의 모양을 잃었습니다. 하루아침에 두 다리를 잃고 만 것입니다.

그 후 두 다리 없는 그의 삶은 과연 어땠을까요? 절망적인 삶을 살았으리라 생각할지 모르지만 그는 희망의 날을 만들어가고 있습니다. 재활 훈련을 통해 다시 시작했습니다. 비록 의족을 하고 특수한 신발을 신고 다니며 가끔은 통증에 시달리기도 하지만 그래도 이렇게 살아 있다는 것에 감사하며 행복하게 하루하루를 지내고 있습니다. 참으로 아름다운 삶이 아닐 수 없습니다.

기념비 위에 내려앉은 먼지를 깨끗이 닦아냅니다. 감사와 존경의 마음에 절로 눈이 감겼습니다. 귓가에 거침없이 달리는 열차 경적과 사람들의 발소리가 들렸습니다. 세상 모든 것들이 잠시라도 이곳에 머물렀으면 좋겠다는 생각을 합니다. 아름다운 곳, 고마운 곳, 그리고 희망이 시작되는 이곳에.

이거
민국이 거

아버지가 이상해졌습니다. 자꾸 이상한 말을 합니다.
"아저씨, 사탕 하나만 주세요."
"아버지, 저 큰아들 민국이에요. 아저씨가 아니라 민국이요."
처음엔 아버지가 심심해서 농담하시는 줄 알았습니다. 그런데 계속해서 똑같은 말을 되풀이했습니다.
"아저씨, 사탕 줘요. 사탕."
"예? 지금 뭐라고 하셨어요?"
민국은 고개를 갸우뚱거리며 다시 물었습니다.
"아버지, 사탕요?"

"사탕 주세요. 아저씨."

이런 분이 아니신데 왜 그러나 싶어 아버지를 모시고 병원에 찾아갔습니다. 검사 결과가 좋지 않았습니다. 치매가 시작됐다는 진단을 받았습니다.

몇 해 전, 길을 걷다가 오토바이가 덮치는 바람에 뒤로 넘어졌는데 아마도 그때의 후유증인 듯했습니다.

"아버지, 사탕 많으니까 천천히 드세요."
"예. 감사합니다."

오늘도 민국은 진열대에서 사탕 한 봉지를 집어 아버지께 내밀었습니다.

"아버지, 우리 집이 슈퍼를 해서 다행이에요. 맘껏 사탕을 먹을 수 있잖아요. 안 그래요?"
"아저씨, 감사합니다."

아버지는 입안에 사탕을 한꺼번에 네 개나 집어넣었습니다.
"천천히 드세요. 많이 있어요."

아버지는 하루가 다르게 증상이 나빠졌습니다. 사람을 못 알아보는 것도 모자라 이상한 행동까지 했습니다. 벽만 쳐다보고 앉아 있다가 낙서를 하는가 하면 걸을 때마다 발을 쿵쿵 찧으며 걸었습니다.

"아버지, 다음부턴 그러지 마세요. 아셨죠?"

"예. 아저씨."

한번은 큰 사건이 있었습니다.

그날 민국은 가게 물품을 정리하느라 아침부터 정신이 없었습니다. 그러다 보니 아버지 돌보는 일에 소홀할 수밖에 없었습니다. 물품 정리를 마치고 방으로 와보니 아버지가 보이지 않았습니다. 민국은 정신이 번쩍 들었습니다.

"어휴, 불편한 몸으로 어딜 가신 거야!"

민국은 아버지를 찾으러 황급히 밖으로 나갔습니다.

"저희 아버지 못 보셨어요?"

"못 봤어요."

동네를 한 바퀴 다 돌아봤는데도 아버지는 보이지 않았습니다.

"도대체 어디 가신 거야. 큰일이네."

민국은 다시 한번 동네 곳곳을 돌아다녔습니다. 여전히 아버지의 행방을 알 수 없었습니다.

온몸이 땀으로 범벅이 된 채 허탈한 모습으로 길가에 주저앉았습니다. 그런데 그때 세탁소 최 씨의 자전거가 민국 쪽으로 다가왔습니다.

"어이, 김 사장. 시장 쪽으로 가봐. 자네 아버지 거기 계셔. 과일 가게가 난리 났다니까. 어서 가봐."

민국은 시장 쪽으로 달려갔습니다. 세탁소 최 씨의 말대로 아버지는 과일 가게 앞에 앉아 있었습니다. 과일 가게의 과일들이 길가에 널브러져 있는 걸로 봐서 아버지가 한바탕 벌인 것 같았습니다.

"아버지, 여기서 뭐 하세요? 여기가 어디라고 이곳까지 나오셨어요."

아버지는 눈만 깜빡일 뿐 별 반응이 없었습니다. 민국은 과일 가게 주인에게 연신 고개를 숙였습니다.

"정말로 죄송합니다. 제가 다 변상해드릴게요."

"장사도 못하고 이게 뭡니까?"

"죄송합니다. 아버지께서 치매에 걸리셔서요."

"예전에 저희 어머니도 그런 적이 있어서 이해는 합니다만 그래도 장사하는 집에서 이러시면 안 되죠. 잘 돌보셨어야죠."

"죄송합니다."

민국은 못 쓰게 된 과일들을 다 변상했습니다. 그리고 가게 앞도 말끔히 청소까지 해줬습니다.

"아버지, 이제 저랑 같이 가요. 그 바나나는 여기에다 놓으세요."

"싫어! 바나나 가지고 가야 돼!"

"놓고 가셔야죠. 이거 가져가면 도둑이에요."

민국이 아버지가 들고 있는 바나나를 뺏으려 하자 아버지는 바나나를 등 뒤로 숨겼습니다. 민국이 다시 바나나를 뺏으려 하자 아버지는 필사적으로 바나나를 지키려 했습니다.

"바나나 안 돼. 아저씨, 이러지 마. 바나나는 안 돼!"

"도대체 이 바나나가 뭔데 그러세요? 내려놓으세요!"

아버지의 생떼에 속상했는지 민국도 화가 났습니다. 민국의 화난 목소리에도 아버지는 여전히 바나나를 꽉 쥐고 있었습니다. 그러더니 울먹이는 목소리로 말했습니다.

"아저씨, 이러지 마요. 뺏지 마요. 민국이 줘야 해. 이거 민국이 거야. 민국이 거."

순간, 민국의 눈에서는 눈물이 흘러내리기 시작했습니다.

어렸을 때의 기억이 떠올랐기 때문입니다. 바나나가 귀했던 어린 시절, 아버지에게 바나나를 사달라고 졸랐던 적이 있었습니다. 그런데 하필이면 그날이 아버지가 운영하던 인쇄소가 부도난 날이었습니다. 그날 바나나도 못 얻어먹고 철이 없다며 호되게 혼났던 기억이 있습니다.

민국은 아버지를 등에 업고 집까지 걸어왔습니다.
아버지의 바나나를 끝내 빼앗을 순 없었지만 그래도 참으로 배가 불렀습니다. 어차피 그 바나나는 모두 민국이 거니까요.

생각만 하다 놓쳐버리는 세 번째 이야기
아버지의 숨소리

아버지의
숨소리

"희지야, 내일 아침 되면 병원 가자. 그러니 오늘 밤 잘 지내라. 알았지?"

"예. 걱정 마시고 얼른 가세요."

아버지는 발길이 떨어지지 않습니다. 아픈 희지를 두고 일하러 간다는 게 참으로 답답한 노릇입니다. 그렇다고 일을 쉴 수도 없습니다. 아파트 경비 일을 하는데 세 명이 교대로 일을 합니다.

아버지는 평생 농사만 지었습니다. 그런데 아내를 먼저 하늘나라로 보내고 몇 해 전에 시골 일을 청산하고 도시로 왔습니다. 도시로 오니 생활은 좀 편했지만 마땅히 할 일이 없었습니다. 특별한 기술도 없고 나이도 환갑을 훌쩍 넘은 사람을 누가 쓰겠습니까. 그러다 지인의 소개로 가까스로 아파트 경비 일을 할 수 있게 되었습니다.

"근무 마치고 아침에 올 테니까 그때까지만 참아라. 알았지?"

"괜찮아요. 얼른 가세요."

아버지는 한 걸음 떼고 뒤돌아보고, 한 걸음 떼고 뒤돌아보며 차마 발길을 떼지 못했습니다.

"그러다 늦겠어요. 저 때문에 매번 늦었잖아요. 최 씨 아저씨가 정말로 화내겠어요. 어서 가세요."

아버지는 손목시계를 힐끔 보더니 이내 밖으로 나갔습니다.

희지는 약 봉지에서 약 하나를 꺼내 삼켰습니다. 약을 먹을 때면 늘 한 가지 생각뿐입니다.

'제발 이 약 먹고 건강해졌으면.'

희지가 몸이 아픈 지는 한 2년 정도 됩니다. 처음엔 소화가 잘되지 않아 며칠 고생을 했습니다. 곧 괜찮겠지 했지만 증상이 나아지지 않았습니다. 소화제도 먹어보고 아버지가 손으로 등과 배를 쓸어내리기도 했는데 그다지 차도가 없었습니다.

결국 병원에 가 정밀검사를 했습니다. 그런데 위에 약간의 염증만 보일 뿐 특별한 이상 징후는 없었습니다. 병원 측에서 괜찮다고 하니까 괜찮은 줄 알았습니다. 그런데 시간이 갈수록 소화력은 더 떨어지고 이제는 먹어도 먹어도 허기가 지는 이상한 증상까지 덧붙었습니다.

"아빠, 나 배고파."

"어, 어서 먹어."

"아빠, 나 왜 이러지? 금방 먹었는데도 배가 부르지 않아."

"그러게 말이다. 이 일을 어떻게 하나? 병원에서는 이상이 없다고 하고 너는 자꾸 힘들어하고…….”

"마치 뱃가죽이 등짝에 달라붙는 것 같아."

이 세상에는 병명을 규정지을 수 없는 병들이 참으로 많습니다. 아무리 검사해도 병명을 알 수 없고 아무리 치료해도 낫지 않는 병. 희지가 꼭 그런 경우입니다.

희지는 일찍 형광등 불을 껐습니다. 어서 잠이 들고 싶었습니다. 그런데 오늘도 역시 잠이 오지 않습니다. 그러더니 슬슬 가슴 쪽이 아파 오기 시작했습니다. 통증은 가슴을 타고 아랫배까지 옮겨갔습니다.

희지는 배를 움켜잡고 미간을 찌푸렸습니다. 통증을 잊기 위해 TV 소리도 크게 해보았지만 소용이 없습니다. 머릿속엔 점점 두려운 생각으로 가득 찼습니다. 이럴 때 언니라도 있었으면 참 좋았을 텐데. 하필이면 회사 일 때문에 며칠 집을 떠나고 없습니다.

통증은 더더욱 심해졌습니다. 가슴이 타는 듯했고 아랫배가 송곳에 찔린 것 같았습니다. 방을 데굴데굴 굴렀습니다. 당장이라도 아버지께 전화하고 싶었지만 자꾸만 망설여집니다. 지난번에도, 지지난번에도 전화해 일하는 아버지를 곤란하게 했기 때문입니다.

'그래, 조금만 더 참자.'

아침 9시면 아버지가 집에 오시니까 그때 병원에 가면 될 거라 생각하고 일단은 참았습니다. 그런데 시간이 지날수록 통증은 더 심해졌습니다. 결국 한계가 왔습니다.

"아, 아, 흐윽……."

희지는 끝내 수화기를 들었습니다.

"아빠……, 저 죽을 것 같아요. 저 좀 살려주세요."

수화기 너머로 딸의 고통이 그대로 전해졌습니다. 아버지는 근무 교대자가 오지도 않았는데 직장에서 쫓겨날 걸 감수하고 그냥 근무지를 뛰쳐나왔습니다. 근무지에서 집까지는 대략 1킬로미터 거리였습니다.

깊은 밤이라 오가는 택시도 없습니다. 아버지는 달렸습니다.

연세가 많아서 무릎 관절도 안 좋고 원래부터 폐가 좋지 않아 평상시에도 숨 쉬는 게 편치 않았습니다. 그렇다고 쉬엄쉬엄 걸어갈 수도 없는 노릇. 있는 힘을 다해 달렸습니다. 가쁜 숨이 턱 밑까지 차올랐지만 그래도 멈출 수 없었습니다.

'희지야, 조금만 기다려라. 아빠가 간다.'

쾅쾅쾅. 현관문 두드리는 소리가 들렸습니다. 희지는 아픈 몸을 이끌고 현관 쪽으로 갔습니다.
"아빠……."
아버지는 거친 숨을 헐떡거리며 희지를 안았습니다.
"괜찮아. 괜찮아. 아빠 왔으니까 괜찮아. 어서 업혀. 병원 가자."
"나 무거워. 안 돼."
"어서 업혀. 빨리."
희지는 아버지의 등에 업혔습니다. 아버지는 이를 악물고 걸어갔습니다. 병원 응급실까지 가는 길에 계단도 있고 언덕도 있었지만 쉬지 않고 계속해서 갔습니다.
"희지야, 거의 다 왔다. 이제 다 왔어."
"아빠, 힘들지?"
"난 괜찮아. 아무렇지도 않아."
아무렇지 않다고 하지만 얼마나 힘드실지 숨소리만 들어도 알 수 있었습니다. 금방이라도 숨이 멎을 것 같은 거친 숨소리.
가까스로 응급실에 도착해 희지는 진통제와 안정제로 일단 통증을 잡았습니다.

몇 년 후, 아버지마저 희지의 곁을 떠나고 말았습니다. 한쪽 폐가 완전히 망가져 숨을 더 쉴 수 없는 상태까지 된 겁니다. 희지는 아직도 잊을 수 없습니다. 병상에서 거친 숨을 내쉬던 아버지의 마지막 모습을. 그리고 자신을 업고 뛰었던 아버지의 그 거친 숨소리를.

"아버지, 미안해요. 저 때문에……."

찬바람 부는 날이면 더욱 아버지가 그리워집니다. 아버지의 그 숨소리가 더더욱 그리워집니다.

우리에게 준 시간이 선물

이제 겨우 여덟 살인 소녀가 있습니다.

그런데 이 소녀는 여느 아이와는 좀 다릅니다. 아니, 아주 많이 다릅니다. 소녀의 얼굴은 마치 동화 속에 나오는 마귀할멈처럼 생겼습니다. 피부에 주름이 많고 흰털이 듬성듬성 나 있어 영락없이 할머니입니다. 머리카락도 다 빠지고 없습니다. 소녀는 지금 다른 사람보다 훨씬 일찍 늙어버리는 희소병 '조로증早老症'을 앓고 있습니다.

소녀에겐 두 가지 별명이 있는데 하나는 '마귀할멈'이고 다른 하나는 '외계인'입니다. 동네 친구들은 두 개의 별명을 번갈아 부르며 소녀를 놀려댑니다. 처음엔 소녀도 너무나 속상하고 화가 나 울음을 터뜨렸지만 이제는 별 신경 쓰지 않습니다. 그러한 상처는 이미 오래전에 단련이 되어버렸습니다.

어느 날, 엄마가 머리에 수건을 두른 채 소녀 앞에 나타났습니다.
"엄마, 머리에 왜 수건을 두른 거야?"
"왜 그랬는지 맞춰봐."
"모르겠어. 빨리 말해줘."
엄마가 등 뒤에서 뭔가를 내밀었습니다. 그건 가발이었습니다.
"이거 한번 써봐."
소녀는 가발을 쓰더니 활짝 웃었습니다.
"엄마, 나 거울 볼래."
거울 앞으로 달려간 소녀는 거울 속 자신의 모습이 맘에 들었는지 엉덩이를 실룩거리며 춤을 춥니다. 엄마는 딸내미에게 가발을 만들어주려고 머리카락을 다 잘랐습니다. 신 나게 춤을 추던 소녀는 엄마의 머리를 보더니 동작을 멈췄습니다.
"엄마, 이거 나 만들어주려고 머리 자른 거야?"
"이제 우린 쌍둥이야. 너랑 나랑은 같은 편이야. 좋지?"
"싫어, 난 싫어. 쌍둥이 싫어. 난 나고 엄마는 엄마야. 엄마는 긴 머리가 더 예뻐. 나 속상해."

자기 때문에 엄마의 모습까지 망가진 것 같아 소녀의 마음은 그리 좋지 않습니다.

이제 겨우 여덟 살.
엄마 앞에서 어리광을 부리며 철없이 행동할 나이, 눈물이 마르지 않는 나이, 참으로 어린 나이지만 소녀는 부쩍 철이 들었습니다. 조로증이 얼굴과 몸만 늙게 한 게 아니라 소녀의 마음까지도 세월에 물들게 했습니다. 철들게 한 겁니다.
소녀는 울고 싶었지만 눈물을 삼켰습니다. 자기가 울면 엄마도 운다는 걸 잘 알기 때문입니다. 자기가 속상해하면 엄마가 더 속상해한다는 걸 잘 압니다.
소녀는 다시 환하게 웃습니다.
"엄마, 잘 쓸게. 엄마 머리카락 빨리 자랐으면 좋겠다."
"그래, 그래. 네가 웃으니까 엄마가 참 좋다."

치료받아도 오래 살기 힘든 병. 앞으로 길게 산다고 해도 4, 5년. 그렇다고 소녀는 절망하지 않습니다. 슬퍼하지 않습니다. 그에겐 오늘이라는 시간이 남아 있기 때문입니다.
"엄마, 난 소원이 있어."

"무슨 소원?"

"엄마보다 오래 사는 거. 그래야 엄마한테 고통의 짐을 주지 않잖아."

소녀의 말에 엄마는 눈물을 왈칵 쏟을 뻔했습니다. 그러나 차마 울고 싶어도 울지 못했습니다. 오늘 하루를 눈물로 보낼 수 없기 때문입니다. 남은 시간이 별로 남지 않았기 때문입니다.

그동안 왜 그렇게 세상을 원망하고 삶을 한탄하고 절망하는 데 그 아까운 시간을 써버렸는지, 그냥 아무 의미 없이 하루하루를 보낸 게 얼마나 어리석었는지 뒤늦게 후회가 되었습니다.

엄마와 소녀는 비로소 깨달았습니다. 사랑하며, 웃으며 살기에도 인생은 턱없이 부족한 시간이라는 것을, 지금 주어진 이 시간이 얼마나 값지고 아름다운지를…….

엄마와 소녀는 오늘도 1초, 1분을 아끼고 쪼개며 행복하고 의미 있게 만들어 갑니다. 그들에게 1초는 한 달이고 1분은 1년이기 때문입니다.

무함마드 이후의 가장 위대한 무슬림이라고 일컬어져 온 이슬람 신학자 알 가잘리는 《행복의 연금술》이란 책에서 이렇게 썼습니다.

사람은 누구나 매일 아침 자신의 영혼에게 말해야 합니다.

"신이 24시간의 보물을 주셨다.
그 어떤 시간도 잃지 않게 조심해야 한다.
그 시간을 잃어버린 걸 후회하는 것만큼 참기 힘든 것도 없기 때문이다."

'그 시간을 잃어버린 걸 후회하는 것만큼 참기 힘든 것도 없다'는 알가잘리의 고백이 자꾸 귓가에 맴돕니다. 시간을 아무렇게 마구 써버리는 게 얼마나 내 인생에 대한 큰 잘못인지 다시 한번 깨닫습니다. 주어진 시간에 감사할 줄 알아야겠습니다. 한 번뿐인 인생, 후회하지 않기 위해서 말입니다.

1센트의
기적

　누구에게나 최악의 날이 있습니다. 끝이 없는 터널 속을 달리는 것처럼 답답하고 우울하고 막막할 때가 있습니다. 그런 날이 계속되면 삶의 의지가 무너지고 자신의 존재 이유조차 잃게 됩니다.
　그런 일을 겪게 되면 어떤 위로도 귀에 들어오지 않을 테지만 분명한 사실 하나는 알아야 합니다. 음이 있으면 양이 있고 비 오는 날이 있으면 햇살 좋은 날이 있다는 겁니다. 이 세상은 어두운 터널로만 연결된 게 아닙니다. 그렇기에 터널의 끝은 반드시 나오게 돼 있습니다. 아무리 짙은 어둠 속에 있다 하더라도 언젠가는 어둠의 끝을 알리는 한 줄기 빛을 발견할 날이 올 것입니다. 지금의 이 시련을 잘 극복하고 나면 나중에 이렇게 말할 것입니다.

"그래, 죽으라는 법은 없지. 최악도 있었지만 최고도 있다. 그게 인생이지, 뭐."

여기 최악의 상황 속에서 허우적거리는 한 여인이 있습니다. 여인은 자신의 인생이 이대로 끝날 거라고 생각합니다. 그런데 그 순간, 인생은 다시 한번 그녀에게 기회를 줍니다. 여인을 다시 살게 만든 건 무엇이었을까요?

마티히에게 2006년은 최악의 해였습니다. 좋지 않은 일이 연이어 터졌습니다.

"그래, 끝내자고. 이쯤에서 그만두고 각자의 길을 가자고!"

사랑이 영원할 줄 알았고 행복이 계속될 줄 알았습니다. 그러나 그건 착각이었습니다. 세월이 사랑의 열정을 식게 했고, 현실이 이해의 폭을 좁게 만들었고, 크고 작은 갈등이 서로의 상처를 더욱 깊게 만들었습니다.

결국 마티히는 이혼을 선택했습니다. 차라리 남편 없이 두 딸과 사는 게 더 나으리라 생각한 것입니다. 며칠은 참으로 마음이 홀가분했습니다. 그러나 시간이 지날수록 삶은 참으로 가혹했습니다. 여섯 살, 아홉 살 된 두 딸을 데리고 여자 혼자서 산다는 건 그리 쉬운 일이 아니었습니다. 하나에서 열까지 모든 것을 다 혼자서 책임져야 했습니다. 아이들 우윳값은 물론이고 유치원 등록비까지 혼자서 감당해야 했습니다. 그러다 빚을 갚지 못해 집이 차압되었고 엎친 데 덮친 격으로 직장에서도 정리해고가 되고 말았습니다. 이혼하고 집을 잃고 거기에 직장에서 해고까지……. 최악도 이런 최악은 없습니다.

"엄마 이제 우리 뭐 먹고 살아? 돈이 있어야 음식 같은 거 살 수 있잖아."

큰 아이의 입에서 나온 그 한마디에 마티히는 가슴이 철렁 내려앉았습니다.

"너는 걱정하지 말고 공부만 열심히 하면 돼. 엄마가 너희를 굶기기라도 하겠니?"

그날 밤, 마티히는 잠을 이룰 수 없었습니다. 당장 일자리를 구해야 하는데 그것이 쉬운 일도 아니고 그렇다고 친정집에 도움을 청하자니 이혼한 상황이라 면목도 없고……. 걱정이 이만저만이 아니었습니다. 침대에서 이리저리 몸을 뒤척이며 잠을 청하려 애써보았지만 잠이 오지 않았습니다.

그런데 그때 아이들의 목소리가 들렸습니다. 아이들은 등 뒤에 숨겨뒀던 무언가를 꺼내 마티히에게 내밀었습니다.

"엄마, 이거 받아."

"이게 뭐니? 이걸 왜 엄마한테 주는 거니? 이건 너희 돼지저금통이 잖아."

"엄마, 이걸로 음식도 사고 옷도 사고 그래. 이 안에 동전 엄청 많아. 알았지?"

순간 마티히는 눈물이 핑 돌았습니다.

"그래, 고맙다. 우리 딸들이 주는 거니까 고맙게 잘 받을게. 정말로 고맙다. 너희를 위해서라도 엄마가 다시 용기를 낼게."

마티히는 두 딸을 따뜻하게 안아줬습니다.

마티히는 백방으로 알아본 끝에 가까스로 다시 일자리를 구할 수 있었습니다.

그러던 어느 날 문득 이런 생각이 들었습니다. 아이들이 내게 용기를 줬던 그 동전들로 의미 있는 일을 해보고 싶었습니다.

"그래, 이 작은 1센트의 힘을 보여주는 거야. 나처럼 힘들어하는 이들에게 거대한 희망을 보여주는 거야."

마티히는 작은 1센트 동전들로 거대한 1센트 동전 모형을 만들기로 맘먹었습니다.

마티히는 지름 3미터에 달하는 커다란 나무판을 구했습니다. 나무판에 일일이 손으로 작은 1센트 동전을 붙이기 시작했습니다. 종일 일과 육아 때문에 몸이 녹초가 되었지만 잠자는 시간을 줄여가며 작업에 몰두했습니다. 어릴 때부터 손재주가 있다고 사람들에게 칭찬을 듣기도 했지만 이건 손재주만으로 할 수 있는 일이 아니었습니다. 노력과 정성 그리고 무엇보다도 이 일을 해야만 하는 절실한 목적이 있어야 했습니다. 고되고 지루하고 어려운 작업이었습니다. 주말에는 하루 10시간 이상 작업에 매달리기도 했습니다. 제작에 적합한 동전을 모으는 것도 쉬운 일이 아니었습니다.

"오늘도 또 오셨군요. 마티히 씨 때문에 저희 은행의 1센트 동전이 바닥났어요."

"죄송합니다. 꼭 필요해서 그래요. 1센트짜리로 좀 바꿔주세요."

그녀는 하루에도 몇 번씩 은행을 들락거렸습니다. 그뿐만이 아니었습니다. 동전을 만드는 조폐국까지 방문해 동전을 구했습니다. 작업은 그렇게 석 달 동안 계속되었습니다.

그리고 마침내 사람 키보다 훨씬 큰 지름 3미터짜리 거대한 1센트 동전을 완성했습니다. 그 거대한 동전을 만드는 데 쓰인 1센트 동전만 해도 무려 8만 4000개에 달했습니다. 그녀는 그 모형 동전을 한 미술 콘테스트에 출품했고 당당히 입상했습니다. 예술작품으로 인정을 받은 것입니다.

입상을 계기로 그 작품은 많은 사람들에게 알려졌고 급기야 인기 TV 프로그램인 '리플리의 믿거나 말거나Ripley's Believe It or Not'에 출연하기에 이르렀습니다.

스튜디오에서의 방송 촬영은 순조롭게 진행되었습니다.
사회자는 그녀에게 마지막 질문을 했습니다.
"마티히 씨, 마지막으로 시청자들에게 전할 말씀 있으면 하시겠습니까?"
"어떤 처지에 있는 누구라도 자신이 시작만 한다면 무엇이든 할 수 있다는 걸 이 동전을 통해 말씀드리고 싶습니다. 돈을 얼마나 버느냐가 중요한 게 아니라 얼마나 희망을 품고 사느냐가 중요한 것 같습니다. 행복한 하루 되세요."
마티히의 환한 미소와 함께 사회자는 클로징 멘트를 했습니다.
"오늘은 1센트로 희망을 만든 마티히 씨를 만나봤습니다. 3미터 지름의 거대한 동전이 있습니다. 못 믿으시겠다고요? 그건 여러분의 몫입니다. 믿거나 말거나 말이죠. 다음 주에 뵙겠습니다."

사람에 대한
최소한의 예의

연주회에 다녀온 사람이라면 이런 장면을 본 기억이 있을 겁니다.

오케스트라의 연주가 모두 끝나고 무대 퇴장만 남았을 때, 지휘자는 퇴장하지 않고 여성 연주자들이 먼저 퇴장하도록 길을 열어줍니다. 그리고 청중으로부터 받은 꽃다발을 여성 연주자들에게 건넵니다. 지휘자의 이런 행동에는 연주자에 대한 배려와 존경심이 내포되어 있습니다. 배려와 존중이 최고의 조화와 음악을 만들어내는 것입니다.

사람이 살아가는 세상에도 배려와 존중이 있어야 합니다.

'경영의 신'으로 불리며 일본인들에게 추앙받는 경영인이 있습니다. 바로 마쓰시타 전기의 창업자 마쓰시타 고노스케입니다. 그는 사업 수

완도 좋았지만 특히 사람을 대하는 태도가 아름다웠습니다.

어느 날, 그는 식사 대접을 위해 꽤 괜찮은 식당으로 지인들을 초대했습니다.
"회장님, 감사합니다. 이렇게 초대까지 해주시고."
"아닙니다. 이 집 스테이크가 일품입니다. 많이 드십시오."
회장과 지인들은 맛있게 스테이크를 먹었습니다.
그런데 식사가 거의 끝날 무렵, 회장이 비서에게 말했습니다.
"자네 어서 가서 주방장 좀 모시고 오게."
비서는 무슨 일인가 하고 접시를 힐끔 쳐다봤습니다. 그런데 회장이 스테이크를 절반밖에 먹지 않은 것입니다.
비서는 마음속으로 생각했습니다.
'주방장이 무슨 실수를 한 게 분명해.'
잠시 뒤, 주방장이 몹시 긴장한 모습으로 회장 앞에 나타났습니다.
"회장님, 무슨 문제라도 있습니까?"
"아닙니다. 오늘 음식이 무척 훌륭했습니다. 그런데 제가 반밖에 먹지 못했습니다. 내 나이가 여든이라 식욕이 예전 같지 않기 때문입니다. 그러니 오해 없길 바랍니다. 다시 한번 말하지만 당신의 요리는 최고입니다."

남긴 음식을 보고 주방장이 속상해할까 봐 회장은 주방장을 불러 자초지종을 설명한 것입니다.

이번에는 IBM의 창업자 톰 왓슨의 이야기입니다.

어느 날, 한 간부가 무리하게 사업을 추진하다가 회사에 엄청난 손해를 끼쳤습니다. 회장실로 가는 간부의 발걸음이 무거웠습니다.

'그래, 사표를 내라고 하면 내야지. 변명의 여지가 없지. 모든 게 내 실수니까.'

회장실 안으로 들어간 간부는 침울한 목소리로 말했습니다.

"회장님, 죄송합니다. 이번 일에 책임지고 물러나겠습니다."

"자네, 지금 농담하나? 그리고 어깨 좀 펴게. 회사의 임원이란 사람이 그렇게 축 처져 있으면 어떻게 하나? 그리고 난 자네랑 함께 갈 걸세. 자네와 함께하기 위해 무려 1000만 달러의 교육비를 지불했단 말일세."

자신이 운영하는 회사에 막대한 손해를 끼친 직원이 있다면 대부분의 사람은 그 직원을 크게 나무라거나 사표를 받아낼 것입니다. 그것만으로 분이 풀리지 않으면 손해배상까지 요구할지도 모르죠.

그러나 왓슨 회장은 달랐습니다. 당장의 손해보다는 사람의 가능성과 미래를 보았습니다. 회사를 이끄는 데는 매출과 기술도 중요하지만 그보다도 사람의 힘이 가장 큰 경쟁력이라는 걸 알았던 것입니다.

아프리카에서 전해져오는 속담이 있습니다.

"빨리 가려면 혼자 가고, 멀리 가려면 함께 가라. 함께 가려면 가장 느린 사람의 속도에 맞추어야 하고, 가장 느린 사람의 짐을 함께 들어주어야 한다."

세상은 날이 갈수록 승자만 살아남는 적자생존 법칙의 소용돌이 속으로 빨려 들어가고 있습니다. 경쟁이 치열해지다 보니 자기만의 고집은 강해지고 성공에 대한 집착으로 날로 신경이 날카로워집니다. 이러다 보니 인성은 황폐해지고 상대에 대한 배려와 존경은 점점 사라지고 있습니다. 물론 경쟁에서 이기거나 자기 몫을 챙기고 손해를 보지 않기 위해서는 상대보다는 나를 먼저 생각할 수밖에 없는 게 현실입니다.

하지만 배려와 존경은 손해가 아니라 오히려 사람과 행복을 선사하는 소중한 가치라는 게 바로 인생의 변하지 않는 진리입니다. 따뜻함에 마음이 녹고 다정함에 미소가 지어지고 상냥함에 서로 친구가 됩니다.

사람을 얻는 것, 그것만큼 큰 자산은 어디에도 없습니다.

마음으로
마음에게

완벽하지 못하니까 사람입니다.

사람은 실수하기 마련이고 또한 잘못을 저지를 수도 있습니다. 그러다 보니 타인의 실수나 잘못 때문에 내가 피해를 보는 일이 생기기도 합니다.

만약 누군가가 내게 피해를 주면 아마도 감정이 격해질 겁니다. 순식간에 분노와 억울함이 마음을 지배하고 그 분노와 억울함은 그 사람에 대해 원망과 비난으로 이어집니다. 이런 감정은 어쩌면 자연스러운 건지 모릅니다. 성인군자가 아닌 이상 사람들 대부분은 감정이 요동칩니다. 이게 일반적인 현상입니다.

그러나 옛 성현들의 말씀에 의하면 소인배는 타인의 잘못으로 일을 그르쳤을 때, 그 일을 망친 사람을 끝까지 추적해서 그를 내치지만, 대인은 그 사람을 너그럽게 감싸줘 내 편으로 만든다고 했습니다.

사실 이해와 포용으로 너그럽게 감싸준다는 게 쉬운 일은 아닙니다. 그럼에도 이해와 포용만이 문제를 잘 해결할 수 있는 최선의 방법이라는 건 변함이 없습니다.

아프리카의 바벰바 부족은 부족원 중 누군가가 잘못을 하거나 죄를 지으면 독특한 방식으로 심판합니다. 다른 부족들 대부분은 부족원이 범죄 행위를 하면 돌을 던져서 죽이거나 아니면 두 번 다시는 마을에 얼씬도 못하게 멀리 쫓아냅니다.

그런데 이 바벰바 부족은 다릅니다. 일단 죄를 지은 자를 마을의 광장 한복판에 세웁니다. 그곳에 모인 마을 사람들은 그 죄인을 질타하고 비난하고 죗값을 묻는 대신 다들 따뜻하고 다정한 말 한마디씩을 건넵니다.

"넌 천성이 참 착해."

"어릴 때 우리 강가에 가서 수영도 하고, 참 즐거웠지."

"비 오는 날, 네가 우리 집 지붕을 수리해줘서 여태 별 탈 없이 잘 지내고 있단다."

마을 사람들의 아름다운 언어와 용서의 마음이 그 죄인의 심장에 가닿고 이내 죄인은 참회의 눈물을 흘립니다.

이것으로 그 죄인에 대한 심판은 끝납니다. 그는 더는 죄인이 아닙니다. 이미 마을 사람들은 그의 죄를 용서했고 그 또한 두 번 다시는 죄를 짓지 않을 것을 다짐합니다.

바벰바 부족 이야기를 보니 행동경제학자이자 시카고 대학교 교수 리처드 탈러와 하버드 대학교 로스쿨 교수 카스 선스타인의 공저인 《넛지nudge》라는 책이 떠오릅니다. 넛지는 '옆구리를 슬쩍 찌른다'는 뜻으로 넛지 이론은 강압과 강요를 동원하지 않고 자연스럽게 선택을 이끌어내는 게 훨씬 효과적임을 강조합니다.

지금 우리 사회에는 비난이 넘쳐나고 있습니다. 눈에는 눈, 이에는 이로 되돌려줘야 한다는 복수심으로 불타오르고 있습니다. 그러나 이러한 것들은 결국 이 세상을 더더욱 각박하게 만듭니다. 철학자인 프란시스 베이컨은 이렇게 말했습니다.

"인간은 원수에게 복수할 때 그 원수와 똑같은 사람이 되고 만다. 그러나 용서할 때는 원수보다 더 위에 있는 사람이 된다."

성인이라 불리는 공자 역시 이렇게 말했습니다.

"관즉득중寬則得衆."

너그러우면 많은 사람의 마음을 얻을 수 있다는 뜻입니다. 타인의 잘못을 따지거나 꾸짖을 상황이 발생하더라도 한발 물러나 너그러이 감싸주는 여유를 가져보는 건 어떨까 합니다. 질책과 비난, 우격다짐이나 밀어붙임으로는 사람의 마음을 움직일 수 없습니다. 뾰족하고 날카로운 것은 넘치고도 남습니다. 이제는 너그러움과 끌어안음이 절실한 시대입니다.

가끔은 일상 탈출

보통 사람들의 일상은 어떤 모습일까요? 아마도 대부분 이럴 겁니다. 알람시계의 요란한 소리로 아침을 시작하겠죠. 단 한 번에 일어나는 사람은 드물 겁니다. 정지 버튼을 눌러 알람을 끄고 '5분만 더 자야지' 하며 도로 누워버립니다. 한참 지난 후에 정신이 번쩍 듭니다. '또 지각이다.' 그때부터 바빠집니다. 아침밥은 먹는 둥 마는 둥, 고양이 세수에 허둥지둥 옷을 걸치고 지하철역이나 버스정류장까지 숨을 헐떡거리며 뛰어갑니다. 가까스로 차에 몸을 싣고 회사나 학교로 갑니다.

하루 종일 업무나 공부에 시달리고 깊은 밤이 되어서야 집으로 돌아옵니다. 오자마자 리모컨으로 TV를 켜고 드러누워버립니다. TV를 보는가 싶었는데, 피곤에 지쳐 자신도 모르게 스르르 잠이 듭니다. 물론 내일이라고 다를 바 없죠.

이렇듯 사람들 대부분의 일상은 반복적이며 지루하고 지극히 평범합니다. 이렇게 지루한 일상이 반복되다 보면 우리는 어쩔 수 없이 권태를 맞이하게 됩니다. 영국의 수학자이며 철학자인 버트런드 러셀은 이렇게 말했습니다.

"훌륭한 책들은 모두 지루한 부분이 있고, 위대한 삶에도 재미없는 시기가 있다."

인생은 생각보다 길고 그 긴 시간의 일부분은 권태가 차지하고 있습니다. 그런데 권태의 늪에 너무 깊게 빠지면 자신도 모르게 무기력해지고 삶 자체에 흥미를 잃어버릴 수도 있습니다.

혹여 반복적인 일상에 많이 지쳐 있다면 이 영화 한 편 보시는 건 어떨까요? 바로 일본 영화 〈쉘 위 댄스〉입니다.

주인공 스기야마는 회사에 다니는 평범한 40대 중년의 가장입니다. 그의 일상은 단조롭습니다. 집과 회사를 오가고 가끔 친구와 만나 술 한잔. 그게 삶의 전부였습니다. 문득, 이런 생각이 듭니다.

'스물여덟에 결혼하고 서른에 아이 낳고 마흔에 집을 샀지. 이게 행복일까? 왜 이렇게 맘이 허전하지?'

무료하기 짝이 없는 일상에 지친 겁니다.

그러던 어느 날, 그의 눈에 댄스 교습소라는 간판이 들어옵니다. 뭔가에 홀린 듯 댄스 교습소 안으로 들어간 그는 그곳에서 새로운 세상을 만나게 됩니다. 춤을 추는 사람들의 환한 얼굴과 아름다운 몸짓. 그곳에서 열정적으로 움직이고 꿈꾸는 삶을 보게 됩니다.
'그래, 나도 한번 배워보자.'
그는 서툰 솜씨지만 왈츠와 탱고 등 여러 가지 춤을 배웁니다. 춤을 배운 뒤로 그의 삶에 변화가 일어납니다. 축 처진 어깨가 쫙 펴지고 회사 생활이나 대인관계에서 더 적극적인 태도를 보입니다.
춤, 그건 삶의 오아시스요 생명수였습니다. 지금까지 정해진 길만 걸었던 것에 대한 저항이며 행복한 일탈이었습니다.

우리도 잠시 일상을 벗어나는 건 어떨까요? 일탈하는 겁니다. 일탈이라고 해서 거창할 필요도 없고 겁을 먹을 이유도 없습니다. 지금의 방식이 아닌 다른 방식대로 살면 그게 일탈이고, 그동안 수고한 나에게 주는 선물입니다.
생전 듣지도 않던 헤비메탈을 들어본다든지, 미용실에서 요즘 유행하는 색으로 머리 염색을 한다든지, 평소에 보고 싶었던 사람이 있으면 찾아가 술잔을 기울인다든지……, 이렇게 기분 전환이 될 수 있는 건 뭐든지 해보는 겁니다.

지금껏 열심히 달려왔으니 잠깐 멈춘다고 해서, 갓길로 샌다고 해서 누가 뭐라고 할 사람 없습니다. 잠시 제멋대로, 가슴이 시키는 대로, 마음 가는 대로 해도 됩니다. 그래도 됩니다.
인생의 행복은 정해진 길뿐만 아니라 그 옆길에서 겪게 되는 새로운 일이나 만남에도 있으니까요. 현재 삶이 무료하다면, 지금 당장 궤도를 좀 바꿔 맘껏 본능에 몸을 맡겨보는 건 어떨까요? (단, 법의 테두리는 넘지 마시길!)

사랑의 조건

바람이 꽤 차가웠습니다.

"왜 이런 날에 나오라는 거야."

미나는 몸을 움츠린 채 옷깃을 세우고 학교로 향했습니다. 그런데 미나는 집에서 나온 직후부터 계속해서 땅만 보며 걷습니다. 땅바닥에 동전이 떨어져 있는 것도 아닌데 왜 그러는지…….

그 이유는 키 때문입니다. 미나의 키는 110센티미터입니다. 다 큰 스물일곱 성인이 그 정도라면 작아도 너무나 작은 키입니다. 미나는 일요일에 교회 가는 일 빼고는 월요일부터 토요일까지 종일 집 안에만 있습니다. 극장에 영화를 보러 간다든지 쇼핑을 하러 간다든지 그런 일은 아예 생각조차 하지 않습니다. 사람들의 시선이 부담스럽기 때문입니다.

"어머, 난쟁이다."
"엄지 공주다."

그런데 오늘은 미나가 밖으로 나왔습니다. 교회에서 만나 1년 넘게 사귄 남자친구가 어제 수차례 전화를 하더니 대뜸 밖에서 만나자고 했던 겁니다.
"미나야, 우리 밖에서 좀 만나자."
"오빠, 지금 내 상태 몰라서 그래? 갑자기 왜 그래?"
"알아. 그래도 밖에서 좀 보자. 데이트 장소가 교회 아니면 너의 집이 전부잖아. 1년 동안 너무하지 않니?"
"그건 미안해. 그렇지만 이해해줘. 더는 사람들한테 상처받고 싶지 않아."
"내 소원이야. 제발 좀 나와줘. 응? 내일 2시까지 학교 입구로 나와. 너한테 할 말 있어. 너 나올 때까지 기다린다."
처음엔 나갈 생각이 없었습니다. 나가지 않을 거라고 문자도 보내고 전화도 걸었지만 아무런 반응도 없고 전화도 받지 않는 겁니다.
마침내 아침이 밝았고 미나는 마음이 심란했습니다. 나가야 할지 말아야 할지 도통 갈피를 잡을 수 없었습니다. 남자친구가 걱정되기도 했습니다.

'정말로 내가 나올 때까지 기다리는 거 아냐? 오빠는 그러고도 남지.'

그래서 미나는 결국 약속 장소로 가기로 결정했습니다.

집에서 학교까지는 대략 10분 거리였지만 미나에게는 그 거리가 참으로 길게 느껴졌습니다. 아니나 다를까 사람들이 수군거리는 소리가 들렸습니다. 미나는 그러면 그럴수록 고개를 더 숙인 채 걸어갔습니다.

학교 앞에 도착한 미나는 주위를 두리번거렸습니다. 남자친구는 보이지 않았습니다. 그렇게 한 20여 분을 기다렸습니다. 그런데도 남자친구는 나타나지 않습니다.

"도대체 왜 안 나오는 거야. 나한테는 꼭 나오라고 신신당부해놓고……."

잠시 후, 건장하게 생긴 남자친구 현규가 큰 걸음으로 미나 쪽으로 걸어왔습니다.

"미안. 많이 기다렸지?"

"오빠, 정말 이럴 거야. 나오기 싫은 사람 나오게 해놓고 약속시간도 안 지키고."

"미안해. 많이 춥지? 왜 장갑도 안 끼고 나왔어?"

현규는 자신의 장갑을 벗어 미나의 손에 끼워줬습니다.

"오빠, 할 말 있다며 그게 뭔데?"

현규는 잠시 머뭇거렸습니다.

"뭔데 그래? 어서 말해봐."

현규는 무슨 결심이라도 한 듯 입을 앙다물더니 이내 한쪽 무릎을 꿇었습니다. 현규의 갑작스런 태도에 미나는 당황스러웠습니다.

아니, 창피했습니다. 가만히 있어도 사람들이 힐끔힐끔 쳐다보는데 이렇게까지 하니 사람들이 이제는 대놓고 쳐다봤습니다. 미나는 마치 자신이 동물원의 원숭이가 된 듯했습니다.

"오빠, 일어나. 지금 여기서 뭐 해? 사람들이 보잖아."

"보라고 이러는 거야. 이제 남들의 시선 너만 받게 하지 않을 거야. 나누자. 함께 나누자. 그러면 네가 덜 힘들어질 거야."

지나가던 사람들이 무슨 일인가 하고 하나둘 모이기 시작했습니다. 미나는 이 상황이 몹시 부담스러웠습니다. 빨리 벗어나고 싶었습니다.

그때, 현규가 미나의 손을 잡았습니다.

"미나야, 이제 도망가지 마. 네가 무슨 잘못을 한 것도 아니잖아. 이제 내가 지켜줄 거야."

현규는 주머니에서 뭔가를 꺼냈습니다. 그건 바로 반지였습니다.

"우리 결혼하자. 내 마음을 받아줘."

미나의 얼굴이 붉게 물들었습니다. 부끄럼 반, 감동 반. 어떻게 해야 할지 난감했습니다. 그러나 주위에 있던 사람들이 박수를 치며 격려해주었습니다.

"받아줘. 받아줘."

"축하해요. 참으로 잘 어울리네요."

"멋져요."

미나는 손을 뒤로 숨기며 현규에게 조심스럽게 말을 꺼냈습니다.

"난 혼자서 할 수 있는 일이 그리 많지 않아. 다시 말해서 나랑 같이 살면 오빠가 많이 힘들고 불편할 거야. 아이 문제도 어떻게 될지 모르고……. 오빠 다시 생각해봐."

"나도 수백, 수천 번 생각해봤어. 그런데 결론은 너야. 우리 하나하나 풀어가자. 너의 눈에 맞출게. 너의 키에 맞출게. 너의 마음에 맞출게. ……받아줘. 미나야."

미나는 현규의 진심이 담긴 고백을 거절할 수 없었습니다. 미나의 양 볼에는 한 줄기 눈물이 흘러내렸습니다.

"오빠, 고마워."

미나가 내민 손에 현규는 반지를 끼워줬습니다. 그리고 살포시 안아주었습니다. 지켜보던 사람들은 박수를 치며 축하해주었습니다.

현규는 자리에서 일어나더니 미나를 등에 업었습니다.

"우리 엄지 공주님, 어딜 갈까? 영화 보러 갈까? 쇼핑 갈까?"

현규와 미나는 행복한 마음으로 더 넓은 세상을 향해 힘껏 걸어나갔습니다. 때마침 하늘에서 벚꽃잎처럼 새하얀 눈이 내리기 시작했습니다. 하늘도 그들의 시작을 축하해주고 싶었던 모양입니다.

깊은 밤을
달려온 사랑

"이번 주도 못 가겠어."

"왜? 무슨 일 있어?"

"아니. 그냥 좀 피곤해서."

"어? 피, 피, 피곤하다고?"

"응."

"……그럼 쉬어야지."

"이해하지?"

"그래, 이해해."

미혜는 이해한다고 말하긴 했지만 사실 기분이 좀 상했습니다. 남자

친구인 정호가 예전 같지 않다는 느낌이 들었기 때문입니다. 예전에는 못 내려올 것 같으면 온갖 변명을 다 갖다 붙였습니다.

"미안해. 일이 바빠서 주말에 회사 나가야 해."

"국장님 어머님께서 돌아가셨어. 그래서 일요일에 가봐야 해."

"거래처 사람이 결혼하는데 안 갈 수도 없고 어떡하지?"

그 말들이 다 변명이고 거짓말이라는 걸 알면서도 미혜는 모르는 척 속아줬습니다. 그런데 이제는 그런 변명조차 하지 않습니다.

'뭐? 피곤하다고? 치!'

연애 초기에는 일주일에 한 번씩은 꼭 전주에 내려왔습니다.

"오빠, 피곤하지 않아?"

"괜찮아. 피곤하긴 뭐가 피곤해. 그리고 아무리 피곤해도 네 얼굴 보면 금세 싹 풀려."

"며칠 후면 경쟁 프레젠테이션이라 정신없다고 했잖아. 그런데 어떻게 온 거야?"

"그래서 온 거야. 너는 나에게 힘을 주잖아. 너랑 대화하고 맛있는 거 같이 먹다 보면 금세 좋은 아이디어가 떠올라."

"정말 그래?"

"그렇다니까. 너는 내 인생의 박카스야. 피로회복제!"

그런데 연애 기간이 좀 길어지자 서로에 대한 관심과 애정도 식어갔습니다.

"밥 먹었니?"

"응."

"거기 눈 왔니?"

"응. 거기는?"

"안 왔어. 일기예보에 온다고 했는데 또 틀리네."

"원래 그렇잖아. 잠깐만, 택배 왔나봐. 전화 끊어야겠어."

"그래. 나도 회의 준비해야겠다. 다음에 통화하자."

"응."

감정 없는 무덤덤한 말투와 건조하기 짝이 없는 전화 내용. 마치 입 안에 건빵을 한가득 물고 통화하는 것 같았습니다.

어느 날, 미혜의 머릿속이 갑자기 복잡해졌습니다.

"도대체 나는 뭐야? 혹시, 서울에서 다른 여자들 만나고 다니는 거 아냐?"

그러면 안 되는 일이지만 미혜는 정호의 사랑에 대해 조금씩 의심을 품기 시작했습니다. 뇌리 속에 갑자기 이런 말이 스파크를 일으켰습니다.

"그래, 눈에서 멀어지면 마음에서 멀어지는 법이야. 요즘은 사랑한다는 말을 통 들어본 적이 없잖아."

미혜는 정호의 사랑을 확인하고 싶었습니다.

그날 밤, 정호는 미혜에게 전화를 걸었습니다.

"여보세요. 나야, 정호."

그런데 정호는 수화기에서 뜻밖의 소리를 들었습니다.

"전화하지 말라니까, 도대체 왜 그래. 이미 끝났잖아! 이제 날 놔주란 말이야!"

정호는 깜짝 놀랐습니다. 분명 미혜의 목소리였습니다.

"여보세요. 여보세요. 오빠야. 나 정호라니까."

뚜뚜뚜뚜…….

이미 전화는 끊긴 상태였습니다. 정호는 다급한 마음에 미혜에게 다시 전화를 걸었지만 연결이 되지 않았습니다.

순간, 정호는 답답했습니다. 수십 톤, 아니 수백 톤의 바위가 가슴을 짓누르는 듯했습니다. 아니, 가슴이 금방이라도 화산처럼 터져버릴 것 같았습니다.

"도대체 어떤 놈이야! 이런, 이제까지 양다리였어!"

으악. 정호는 괴성을 지르며 주먹으로 벽을 쳤습니다.

"그래, 가봐야겠어!"

늦은 밤, 정호는 택시를 잡아탔습니다.

"어디 가십니까?"

"전주요."

"예? 어디요?"

"전주 말이에요. 비빔밥으로 유명한 곳 있잖아요."

"아, 예, 그런데 서울에서 전주까지 요금이 좀 나올 텐데요."

"일단 가주세요."

늦은 시간이라 고속도로는 한가했습니다.

새벽 2시가 넘어서야 전주에 도착했습니다. 정호는 망설임 없이 미혜 집의 초인종을 마구 눌렀습니다.

"이 밤에 어쩐 일이야? 조용히 해. 아버지 깨셔."

"지금 그게 문제야. 아까 누구랑 통화했어? 어느 놈이야?"

둘은 놀이터 나무의자에 앉았습니다. 한참 대화를 주고받더니 정호는 어이가 없다는 듯 피식 웃었습니다.

"작전인 줄도 모르고 내가 속아서 이 밤에 여기까지 오다니……. 아무리 그래도 이런 걸 하면 어떻게 해?"

"그러니까 평소에 좀 잘하지 그랬어. ……어, 그런데 손은 왜 그래? 어머, 피잖아."

"아, 이거. 회, 회사 계단에서 넘어졌어."

"조심 좀 하지 그랬어. 그나저나 이렇게 야심한 밤에 어떻게 왔어?

차 다녀?"

"택시 타고 왔지."

"미쳤어. 미쳤어. 여기가 어디라고 택시를 타."

"너 때문에 20만 원이나 날렸잖아."

"20만 원? 어휴. 너무 아깝다."

"……아깝긴 뭐가 아까워. 우리 사랑에 비하면 그건 아주 아주 싼 거지 뭐."

사실, 정호는 20만 원 때문에 속이 좀 쓰렸습니다. 그래도 행복했습니다. 사랑을 다시 확인할 수 있는 계기가 되었기 때문입니다.

미혜는 정호의 손을 잡으며 나지막한 목소리로 말했습니다.

"고마워. 오빠."

그렇게 사랑은 다시 또 시작되었습니다.

끊임없이 확인하고 싶고 끊임없이 받고 싶고 끊임없이 주고 싶은 게 사랑인가 봅니다. 세상 풍파를 겪다 보면 때론 사랑을 잠시 내려놓을 수도 있고 밀어낼 수도 있습니다. 그렇다고 완전히 버리거나 잊어서는 안 됩니다. 모든 시름을 견딜 수 있고 역경을 극복할 수 있는 힘의 원천은 바로 사랑이기 때문입니다.

오늘은 사랑과 함께 지내는 행복한 날 되길 바랍니다.

다시
사랑할 수 있을까

한 번이라도 이별의 상처를 경험한 사람은 쉽사리 다시 사랑을 할 수 없습니다. 또다시 그런 이별의 상처가 찾아오지 않을까 두려워 아예 시작조차 하지 못합니다. 그러나 사람이 어찌 사랑 없이 살 수 있을까요? 사람에게 받은 상처나 뜻하지 않은 이별에 대한 보상은 결국 사람에게서 받아야 합니다.

사랑하고 이별하고 다시 사랑하는 것, 그게 인생이 아닐까요.

지금 현재 이별로 마음의 문이 닫혀 있는 사람이 있다면 그에게 꼭 추천해주고 싶은 영화 한 편이 있습니다. 바로 프랑스 영화 〈시작은 키스!〉라는 작품입니다.

아름다운 한 쌍이 있습니다. 귀엽고 사랑스러운 여인 나탈리와 남자다우면서도 부드러운 사내 프랑소와. 그 둘은 운명처럼 서로에게 끌렸고 곧 사랑하는 사이가 됩니다. 둘의 사랑을 하늘이 시기한 걸까요. 그만 갑작스러운 사고로 프랑소와가 먼저 저세상으로 떠나고 맙니다.

남편을 잃고 홀로 남게 된 나탈리. 그녀는 회사에 복귀하자마자 일에 몰두합니다. 그렇게 1년이 지나고 2년이 지나고…… 계속 세월이 흘러갑니다. 사장은 그녀를 마음에 두고 있었지만 그녀는 단칼에 거절합니다.

"사장님께 끌리지 않아요. 우리 사이엔 아무 일 없을 거예요. 어쩌면 이제 아무도 못 만날지 모르지만, 만약 누굴 만난다 해도 사장님은 아니에요."

그런데 어느 날, 뜻밖의 일이 벌어지고 맙니다.

그녀는 자신도 알 수 없는 충동에 휩싸입니다. 팀원 한 명이 프로젝트에 대해 의논하러 사무실로 들어왔을 때, 그녀는 그 남자에게 다가가 다짜고짜 강렬한 도둑 키스를 퍼부었습니다. 그 남자의 이름은 마르퀴스. 평소 존재감이 없고 아주 평범한, 아니 못생기고 인기 없는 남자였습니다.

그렇게 둘의 데이트는 시작됩니다. 그런데 데이트가 나름대로 재미가 있습니다. 일 이야기가 아닌 다른 주제로도 어느 정도 소통이 됩니다.

시간이 지날수록 마르퀴스는 점점 나탈리에게 빠져듭니다. 마르퀴스는 그런 자신이 몹시 불안하고 두렵습니다. 사랑스럽고 예쁜 나탈리가 언젠가는 떠날 거란 생각이 든 것입니다. 에펠탑 조명이 반짝이는 어느 날 밤, 마르퀴스는 나탈리에게 말을 건넵니다.

"조심해야겠어요."

"뭘요?"

"꼭 말로 해야 돼요? 주위를 봐요. 무엇보다 당신을 봐요. 난 사랑에 빠지고 말 거예요. 말도 안 돼."

그러고는 마르퀴스는 재빨리 몸을 돌려 달아납니다.

다음 날, 마르퀴스는 나탈리를 피합니다.

"왜 날 피하는 거예요?"

"그만 봐야겠어요. 절 보호해야죠."

나탈리는 마르퀴스의 순수함과 진심에 마음을 열고 두 번째 사랑을 꿈꿉니다. 마르퀴스 역시 자신의 마음이 어디로 향하고 있는지 또다시 확인합니다. 그렇게 둘은 서로를 의지하게 되고 새로운 사랑에 눈을 뜹니다.

날씨 좋은 어느 날, 나탈리는 외가의 아름다운 정원을 거닙니다. 그런 모습을 조금 떨어진 곳에서 바라보는 마르퀴스. 그는 그녀의 어린 시절, 사랑에 빠졌던 시절, 그리고 아픔을 느꼈던 시절을 차례차례 상상합니다. 그리고 마지막에 심금을 울리는 마르퀴스의 내레이션이 흐릅니다.

> 난 나탈리의 여러 모습을 거닐어본다
> 여섯 살 때는 이 나무 뒤에 숨었겠지
> 사춘기에는 숨바꼭질 대신 장미꽃밭을 지나며
> 시무룩해했을 테고
> 아가씨가 되어선 이 벤치에서 꿈을 꿨겠지
> 프랑소와가 그녀 뒤를 쫓아가고 둘은 서로 사랑을 했겠지
> 후에 그녀는 혼자 남았고
> 할머니는 그녀에게 위로가 되지 못했고
>
> 난 이곳을 걸으며 그녀의 슬픔을 밟는다
> 바로 이곳 모든 나탈리들의 가슴속이
> 내가 숨을 곳이다

마르퀴스, 이 남자. 참으로 묘한 매력이 있지 않습니까? 사랑받고 사

랑할 자격이 충분합니다. 왜 여태껏 수많은 여자들은 이 남자를 가만둔 걸까요. 사랑에서 가장 중요한 건 역시 진실한 마음인 듯합니다.

혹여 지금 이 순간, 사랑 앞에서 머뭇거린다면 용기를 내보는 건 어떨까요?

돈, 능력, 자동차 등 사람을 돋보이게 하는 장치들이 많이 있지만 그것보다 더 소중한 건 단연코 진심입니다. 사랑한다면, 다시 사랑하고 싶다면 그 진심을 보여주세요. 사랑한다고 말하세요.

아버지의 자전거

중학교 시절, 내가 늦잠을 자는 날이면 아버지가 학교까지 자전거를 태워주셨습니다. 그날도 늦잠을 자고 말았습니다.

"엄마, 왜 안 깨웠어?"

"안 깨우긴 누가 안 깨웠다고 그래. 네가 더 잔다고 했잖아."

"그래도 깨웠어야지. 어휴, 또 지각하게 생겼잖아."

"어떡하니? 아빠 깨울까?"

"응. 빨리."

나는 후다닥 고양이 세수를 하고 책가방을 어깨에 메고 밖으로 나갔습니다. 밖에서 아빠를 기다리는데 도통 나올 기미가 보이지 않았습니다.

"아빠, 빨리 나오세요."

소리쳐도 아무런 반응이 없었습니다. 목마른 사람이 우물을 판다고, 나는 방 안으로 들어갔습니다. 엄마가 아빠를 깨웠지만 아빠는 몸을 뒤척거리며 힘겨워했습니다.

"아빠, 빨리 일어나요. 자전거 태워줘요. 빨리요. 지각하게 생겼단 말이에요."

아버지는 눈을 비비며 힘겹게 일어났습니다. 그리고 허둥지둥 자전거를 내왔습니다.

"막둥아, 어서 타라."

"탔어요."

"자, 출발한다. 출발!"

여느 때와는 달리 자전거가 이리 삐뚤 저리 삐뚤 심하게 흔들렸습니다. 잠에서 덜 깨셨는지 아니면 힘이 없으신 건지……. 여하튼 교문이 닫히기 전에 가까스로 학교에 도착할 수 있었습니다.

그런데 그날 오후, 학교를 마치고 집에 왔는데 아버지의 오른쪽 팔에 빨간색이 가득 칠해져 있었습니다.

'피인가, 아니면 페인트?'

빨간색의 정체는 바로 '빨간약'이었습니다.

"아빠, 팔이 왜 그래요?"

아빠는 고개를 내저으며 말했습니다.

"별일 아니다. 어서 들어가 밥 먹어."

궁금해서 어찌 된 일이냐고 엄마에게 물었습니다.

"너 자전거 태워주고 오는 길에 넘어지셨어."

"아이고, 조심 좀 하시지."

"아빠, 요즘 힘드시잖아. 인쇄소도 안 되고……. 공사판에 나가서 일 하시잖아. 어제는 야근하시느라 새벽에 들어오셨어. 험한 일 안 하던 사람이 갑자기 그런 일 하니 몸이 죽어나지 죽어나. ……내가 지금 막둥이 앞에서 무슨 말을 하고 있담. 막둥아, 어서 씻고 밥 먹어라."

나는 씻고 밥을 먹었습니다. 그리고 그렇게 하루를 마감했습니다.

몇십 년이 지난 지금, 길거리에서 자전거를 타고 가는 어르신을 보면 아버지 얼굴이 겹쳐 보입니다.

지금도 마찬가지이지만 그때는 정말 철이 없었습니다. 그저 지각하지 않을 욕심에 아버지 생각은 전혀 하지 않았습니다. 또한 아버지의 고단한 삶에 대해 단 한 번도 이해하려고 아니, 알려고도 하지 않았습니다. 그때가 아마도 아버지 인생에서 가장 힘든 시기였던 것 같습니다. 내가 중학교 시절, 빚쟁이들이 수도 없이 집에 찾아왔던 기억이 납니다.

그때 자전거 페달을 돌리던 아버지는 얼마나 힘드셨을까요. 아마도 아버지는 그 자전거를 타고 아주 먼 곳으로 떠나고 싶었을지도 모릅니다.

언제부턴가 아버지를 생각하면 가을 낙엽이 생각납니다. 쓸쓸하기도 하고 힘겨워 보이기도 합니다. 그러나 더 크게 드는 생각은 아버지의 따뜻한 사랑입니다. 모든 아버지의 마음은 늘 한결같은 것 같습니다. 크게 말하지 않지만 늘 자식에게로 향하는 그 마음, 그 사랑을 느낄 수 있습니다.

아버지를 생각하니 문득 한 방송인이 토크쇼 프로그램에서 들려준 이야기가 떠오릅니다.

그가 초등학교에 다니던 시절, 그의 아버지는 어머니와 잠시 별거에 들어갔습니다. 그래서 어머니는 집을 비우게 되었고 아버지가 가정을 돌봐야 했습니다.

아버지는 이발소를 운영했는데 살림이 아주 어려웠습니다. 그때 살던 집은 방문을 열면 바로 찻길이 나오는 구조였습니다. 그래서 신발도 따로 놓을 자리가 없어 길가에 내놓아야 했습니다. 방문을 열고 신발을 신다 보면 간혹 친구들과 마주치곤 했습니다. 그때 친구들이 놀리는 한마디가 그의 가슴에 상처가 되어 꽂혔습니다.

"야, 너희 집은 참 희한하다. 방문을 열면 바로 밖이네. 신발장도 없고."

창피했지만 그 정도는 참을 수 있었습니다. 그런데 매일 아침마다 아버지가 밖에서 밥상을 들고 방 안으로 들어오는 건 창피해서 견딜 수 없었습니다. 학교 가는 다른 아이들이 그 장면을 보고 다들 키득키득 웃었습니다.

"쟤네 집은 엄마가 없나봐."

그는 급기야 아버지에게 이렇게 말했습니다.

"아빠, 밥을 꼭 이렇게 먹어야 해? 정말로 창피해서 못 살겠어!"

어느 날 저녁, 부엌에서 쿵쿵쿵 소리가 났습니다. 그는 무슨 일인가 하고 방문을 열고 밖으로 나가 부엌문을 열고 들어갔습니다. 그런데 글쎄, 아버지가 큰 망치로 벽을 사정없이 내리치는 것이었습니다.

"아빠, 지금 뭐해요?"

"부엌이랑 방이랑 통하게 만드는 거다."

아버지의 망치질은 계속되었고 드디어 벽에 구멍이 뚫렸습니다. 아버지는 더 좋은 환경에서 아들을 키우고 싶었지만 그 당시로선 이 방법이 아들을 위해 해줄 수 있는 최선이자 유일한 것이었습니다.

벽에 구멍이 뚫리는 순간, 창피함도 원망도 그리고 가난의 서러움도 눈 녹듯 사라졌습니다. 이게 바로 아버지의 사랑이구나 하고 가슴으로 느낀 것입니다.

쓰러질 것 같은 몸으로도 내색 없이 자전거를 태워주고 묵묵히 망치질을 하는, 그런 아버지의 사랑이 그리워집니다.

생각만 하다 놓쳐버리는 마지막 이야기

온몸에
국화꽃 향기
담아

―

딸을
기다리며

아내가 위암으로 먼 길을 떠난 후, 하나밖에 없는 딸 진희가 많이 변했습니다. 예전에는 일 끝나고 집에 돌아오면 "아빠" 하고 달려와 안겼는데 이제는 인사도 하는 둥 마는 둥, 심지어 눈도 마주치지 않으려고 합니다.

아빠는 우유 배급소 일을 하고 있습니다. 새벽부터 일하느라 고생이 이만저만이 아닌데, 집에 들어오면 요즘은 딸 때문에 피곤함이 몇 배나 더 커집니다.

엄마를 잃은 상실감이 커서 그런 것도 있고 사춘기라 또 그런 것도 있으니 이해는 하지만 그래도 요즘은 너무하다는 생각이 듭니다. 가족이라곤 이제 딸랑 둘밖에 없는데 더는 이렇게 지내서는 안 될 것 같았습니다.

아빠는 진희 방의 문을 똑똑똑 두드렸습니다.

"진희야, 나와서 아빠랑 애기 좀 하자. 어서."

"……."

아무런 대답이 없자 아빠는 문고리를 잡아 돌렸습니다. 문이 열리지 않았습니다.

"너 또 안에서 잠근 거니? 어서 열어봐. 응?"

"싫어! 나 그냥 혼자 있을 거야!"

"열어보래도."

"싫다고 했잖아! 자꾸 왜 그래? 나 좀 내버려 둬!"

진희의 반항에 아빠도 화가 잔뜩 났습니다. 아빠는 발로 문을 쾅쾅 차며 큰소리로 야단을 쳤습니다.

"너 좀 혼나볼래? 어서 문 안 열어!"

그제야 진희는 방문을 열었습니다.

"도대체 너 요즘 왜 그래, 뭐가 불만이야? 너도 힘들겠지만 아빠도 힘들어."

진희는 고개를 푹 숙인 채 아무런 반응이 없었습니다. 그날, 그렇게 별 소득 없이 서로 감정만 상한 채 보내고 말았습니다.

며칠 후, 일을 마치고 돌아온 아빠는 진희의 모습을 보고 깜짝 놀랐습니다. 진희가 머리카락을 빨갛게 물들인 것입니다.

"진희야, 너 머리가 왜 그래?"

"상관 마. 나 나갈래."

진희는 뒤도 안 돌아보고 밖으로 나갔습니다.

"진희야, 늦었는데 어디가? 진희야!"

아빠는 뒤쫓아 나갔습니다. 그러나 진희는 폭주족으로 보이는 남학생의 오토바이에 타고 굉음과 함께 저 멀리 사라져갔습니다.

"휴―."

아빠는 절로 한숨이 나왔습니다. 애교도 많고 착한 아이였는데 왜 이렇게 됐는지 너무나 답답했습니다.

그날 밤, 아빠는 우연히 진희의 일기장을 보게 되었습니다. 일기장은 엄마에 대한 그리움으로 가득 채워져 있었습니다. 그리고 아빠를 원망하는 내용도 있었습니다. 엄마의 몸이 안 좋아진 게 아빠 때문이라고 생각하는 것 같았습니다.

사실 엄마는 새벽에 일어나 아빠가 하는 우유 배급소 일을 도왔습니다. 아빠도 혼자서 해보려고 했지만 엄마의 도움 없이는 제때 일을 마칠 수가 없었습니다. 그래서 어쩔 수 없이 엄마의 도움을 받은 것입니다.

여하튼 진희의 일기장을 본 아빠는 가슴이 아팠습니다. 자기 때문에 아내가 그렇게 된 게 아닌가 하고 죄책감마저 들었습니다. 밤새 진희를 기다렸지만 그날 진희는 집에 들어오지 않았습니다.

이틀이 지났지만 여전히 진희는 귀가하지 않았습니다. 아빠는 일도 못하고 종일 대문 앞에서 진희를 기다렸습니다. 저 멀리서 오토바이 소리만 들려도 귀가 쫑긋 섰습니다.
"진희니?"
야식 배달 오토바이였습니다. 아빠는 가슴이 새까맣게 타들어갔습니다. 혹시 사고가 난 건 아닐까 하고 마음이 조마조마했습니다.
다음 날도 역시 아빠는 하루 종일 진희를 기다렸습니다. 또다시 밤이 찾아왔습니다. 아빠는 제자리 뛰기를 하며 잠을 쫓아내려 무지 애썼습니다. 그런데 아무리 강철 체력인 사람이라 해도 사흘 동안 한숨도 못 자고 버틸 수는 없습니다. 아빠는 대문 옆에 쪼그려 앉은 채 꾸벅꾸벅 졸고 말았습니다.

그런데 그때 누군가가 아빠의 어깨를 두드렸습니다.
아빠는 벌떡 일어났습니다. 진희였습니다.
"아빠, 여기서 뭐 해?"

"어, 진희 왔구나. 그래, 괜찮아? 아무 일도 없었어?"

"……."

아빠는 일부러 무덤덤하게 진희를 맞이해줬습니다. 혼내지도 않고 뭐했느냐고 따지지도 않았습니다.

"진희야, 아빠가 미안하다. 모든 게 다 미안하다. 네 맘이 풀릴 때까지 네가 하고 싶은 대로 해. 아빠가 다 이해해줄게."

잠시 뒤, 아빠는 큰 종이 가방 하나를 진희에게 내밀었습니다.

"자, 꺼내봐."

진희는 종이 가방에서 무언가를 꺼냈습니다. 그건 바로 오토바이 헬멧이었습니다.

"진희야, 다치진 마라. 엄마도 없는데 너마저 잘못되면 아빠는 어떻게 살라고."

크게 혼날 줄 알았는데 아빠의 뜻밖의 선물에 진희는 가슴이 울컥했습니다. 순식간에 진희의 눈시울이 붉어졌습니다.

"아빠, 바보야? 오토바이 못 타게 해야지 헬멧을 사주면 어떻게 해? 내가 정말로 오토바이 탔으면 좋겠어? 치, 바보."

"미안하다. 아빠가 이렇다."

"몰라, 몰라. 아빠 미워."

진희는 눈물을 흘리며 아빠의 품에 안겼습니다. 아빠는 진희를 따뜻

하게 안아주었습니다.

"아이고 우리 진희, 그동안 많이 힘들었지? 아빠가 엄마 몫까지 잘해줄게."

"아빠, 미안해."

그날 밤, 유난히 달빛이 밝았습니다. 아마도 저 하늘에서 엄마가 달이 되어 아빠와 진희를 내려다보고 있었던 모양입니다.

그냥 눈물이 날 때가 있지

그해 봄과 여름 사이, 둘은 눈만 마주쳐도 싸웠습니다.

엄밀히 말하면 싸운 게 아닙니다. 이 또한 지혜가 들으면 서운하겠지만 창석은 그저 자신의 의견을 말했을 뿐입니다. 논쟁이었고 토론이었습니다. 그런데 지혜는 그렇게 받아들이지 않았습니다. 자기와 같은 의견이 아니라는 이유로 서운해했고 그건 곧 싸움의 시작이라 단정 지었습니다.

"아니, 또 왜 그래?"

갑자기 지혜가 흐느낍니다.

무엇이 그리도 지혜를 슬프게 한 걸까요? 또 창석이 울린 꼴이 되었습니다. 정말이지 창석은 답답했습니다. 누군가가 둘 옆에 있었다면 옳고 그름을 판가름해줬을 겁니다. 사실 창석이 내뱉은 말 중에 지혜가 울 만한 단어나 문맥은 하나도 없었습니다. 그런데 지혜는 또 웁니다. 싸운 것도 아닌데, 울 일도 아닌데 또 웁니다. 눈물은 모든 것을 멈추게 합니다. 창석은 아무 말도 못 하고 스스로 자책합니다.

'내가 또 울렸네. 내가 죄인이다.'

순식간에 창석은 이 세상에서 가장 나쁜 인간이 됩니다.

사실 오늘만 그런 게 아닙니다. 어제도 울었습니다. 지혜는 '상습범'입니다. 언제부턴가 그녀는 그렇게 아무 일도 아닌 일로(물론 그녀에겐 울 만한 일이겠지만) 웁니다.

한번은 이런 일이 있었습니다.

함께 강남 지하상가에 간 적이 있습니다. 그곳엔 100개가 넘는 옷가게가 있었습니다. 평일 낮인데도 발 디딜 틈조차 없이 사람들로 붐볐습니다. 물론 그곳에 있는 사람들은 거의 다 여자였습니다.

예쁘고 다양한 옷들을 보자 지혜의 입가에 미소가 번졌습니다. 그 미소가 어찌나 행복해 보였는지 쳐다보는 창석의 마음마저 행복해졌습니다. 지혜는 옷 구경하느라 정신이 없었습니다. 옷걸이에 걸린 수십 벌의 옷을 손목의 스냅을 이용해서 착착 밀어내며 꼼꼼히 살펴봤습니다.

맘에 드는 옷을 발견했을 때, 지혜의 동공은 급격히 커지고 볼이 발개졌습니다. 물론 그렇다고 맘에 든 옷을 다 사진 않았습니다. 가격표를 확인하고 합리적인지 부당한지 꼼꼼히 체크했습니다.

한 삼십여 분이 지났습니다.

여전히 지혜는 옷 구경에 여념이 없었습니다. 시간이 지날수록 손과 눈은 더 바빠졌습니다. 하지만 창석은 점점 지쳐갑니다. 따분하고 답답합니다. 이런 마음을 들키지 않으려고 창석은 지혜가 힐끔힐끔 볼 때마다 애써 미소를 보였습니다. 그러나 눈치 빠르고 예민한 지혜를 속일 순 없었습니다.

"지루하지?"

"괜찮아. 어서 봐."

"이 옷 괜찮아?"

"응. 좋아."

창석은 짧게 대답했습니다.

그런데 그 순간, 전혀 예측할 수 없었던 일이 터지고 말았습니다. 갑자기 지혜가 옷가게 안에서 울음을 터트린 것입니다.

"왜 그래?"

참으로 난감하고 당황스러웠습니다. 전혀 울음이 터질 만한 때도 아니고 무엇보다 울 이유가 없었습니다. 그런데 지혜는 웁니다.

"왜 그래?"

아무 말 없이 지혜는 어깨를 들썩이며 흐느꼈습니다. 일단 둘은 통로 쪽으로 나왔습니다. 사람들은 무슨 일인가 하고 계속해서 둘을 쳐다봤습니다.

지혜는 생수 한 병을 마신 후에야 가까스로 울음을 멈췄습니다. 창석은 조심스럽게 물었습니다.

"왜 운 거야? 내가 또 잘못했어?"

지혜가 운 이유는 호응을 해주지 않았다는 겁니다. 지겨워 죽겠다는 그 표정이 맘에 들지 않았다는 겁니다. 물론 그 부분은 창석의 잘못입니다. 자신의 감정을 들킨 게 잘못이고 호응해주지 않은 것도 잘못입니다. 그렇다고 이렇게 사람들이 붐비는 상가에서 울어야 했던 걸까. 그 상황에서 눈물이 꼭 필요했던가. 창석은 도저히 이해할 수 없었습니다.

그런데 그해 겨울, 창석은 지혜의 눈물을 이해하게 되었습니다.

길을 걷다가 갑자기 걸음을 멈췄습니다. 창석의 시선은 자전거 안장 위에 놓인 자그마한 꼬마 눈사람에 고정되었습니다. 누군가가 만들어 그 위에 올려놓은 모양입니다. 그런데 한 아이가 지나가다가 그 꼬마 눈사람을 툭 건드렸습니다. 꼬마 눈사람이 힘없이 땅에 떨어졌습니다. 산산조각이 나고 말았습니다. 눈사람의 존재가 사라진 것입니다.

그 순간, 믿기지 않는 일이 벌어졌습니다.

창석의 뺨에 뜨거운 눈물이 주르르 흘러내리는 것입니다. 당황스러웠습니다. 도저히 이해할 수 없는 상황입니다. 내가 왜 울지? 이 눈물은 뭐지? 그러나 눈물은 쉽게 멈추지 않았습니다. 뽀드득, 뽀드득. 눈길을 걸으며 집까지 오는 내내 계속 울었습니다.

그 뒤로 창석은 자주 눈물을 흘립니다. '개그콘서트'를 보는데도 희한하게 눈물이 납니다. 문득, 지혜가 생각났습니다. 그때 그녀가 흘린 눈물도 지금의 내 눈물과 같은 성분이 아니었을까. 내가 왜 우는지 그 이유를 나조차 알 수 없듯 그때 그녀가 왜 울었는지 여전히 알 수 없지만, 그래도 조금은 이해할 것 같습니다. 오히려 왜 우느냐고 따졌던 자신이 어리석었다는 걸 깨달았습니다.

때론 눈물에 이유가 없습니다.

서른이 지나고 마흔이 되면 그리고 마흔이 훌쩍 넘으면 그냥 눈물이 날 때가 있습니다. 모든 것이 다 논리적일 필요는 없습니다. 그냥 그럴 때도 있는 것입니다.

창문 틈으로 들어오는 바람, 그 바람이 차갑습니다.

혹여 이 밤, 주위에 홀로 울고 있는 이가 없는지 잘 살펴보기 바랍니다. 왜 우느냐고 따지지 말고 그냥 손수건 한 장 건네는 건 어떨까요?

콧수염 아저씨네
폐업   잔치

'한 집 건너 피자집'이라는 말이 틀린 말이 아닙니다.

최근에 유명 피자업체가 경쟁하듯 연달아 세 곳이나 생기는 바람에 이 작은 동네에 피자집만 무려 아홉 개나 됩니다. 이곳은 정말이지 피자전쟁터입니다. 오래된 피자집은 단골을 놓치지 않으려고 발버둥치고 새롭게 문을 연 유명 피자업체는 신규 고객을 유치하기 위해 공격적인 마케팅을 펼칩니다.

콧수염 아저씨네 피자집은 이 동네에서 가장 오래된 피자집입니다. 15년이나 됐으니까요. 그동안 피자집을 운영해오면서 고비의 순간도 몇 번 있었지만 그래도 잘 넘겼습니다.

그런데 요즘은 정말이지 최악의 상황까지 왔습니다. 한마디로 죽을 맛입니다. 경기가 워낙 좋지 않아 전체적으로 배달 손님이 부쩍 준 데다가 단골마저도 하나둘 빠져나가는 상태입니다.

"휴, 오늘은 겨우 일곱 판밖에 못 팔았네."

토요일이면 적어도 스무 판 이상은 나가줘야 합니다. 그래야 월세도 내고 재료도 사고 살림도 할 수 있습니다. 그런데 매출이 가파르게 떨어지고 있으니 정말로 큰일입니다.

두 달 후, 콧수염 아저씨는 결국 더는 버티지 못하고 두 손 두 발 다 들고 말았습니다. 하루가 멀다 하고 우후죽순 생겨나는 피자집, 더군다나 유명 피자업체의 마케팅 파워는 감당할 수 없었습니다. 이렇게 끝을 내야 한다는 사실이 억울하기도 하고 아쉽기도 했지만 이게 현실이니 승복할 수밖에 없었습니다.

'그래, 경쟁에서 밀리고 자본에서 밀렸으니 내가 물러설 수밖에.'

콧수염 아저씨는 깨끗이 인정했습니다. 마음을 내려놓고 나니 어느 정도 울분이 가라앉았습니다.

지난날들이 주마등처럼 스쳐 지나갑니다. 처음 피자집을 열었던 날의 풍경, 피자를 먹으며 즐거워하는 동네 아이들의 모습, 피자 굽는 걸

배우려고 찾아왔던 사람들……. 하나하나가 소중한 추억이고 하루하루가 행복한 나날이었습니다.

'그래, 그래도 이걸로 우리 세 식구 입에 풀칠이라도 하며 살았지. 참 고마웠어. 정말로 고마웠지.'

크고 작은 상념으로 하루를 마무리할 즈음, 문득 또 하나의 생각이 떠올랐습니다. 바로 며칠 전의 일이었습니다. 그 일을 생각하니 맘이 편치 않습니다.

그날은 오후가 되자 갑자기 장대비가 쏟아졌습니다.

"가뜩이나 장사도 안 되는데 왜 이렇게 비가 오는 거야."

그때 전화 한 통이 왔습니다.

"예. 물론이죠. 감사합니다."

사거리에 있는 학원에서 한꺼번에 피자 일곱 판을 주문해온 것입니다. 콧수염 아저씨는 휘파람을 불며 피자를 만들기 시작했습니다. 능숙한 솜씨로 피자 일곱 판을 뚝딱 만들었습니다. 피자를 차곡차곡 쌓아 오토바이에 실었습니다. 피자가 흐트러지지 않게 조심스럽게 출발했습니다.

사거리 학원이 눈앞에 보였습니다. 커브를 돌리는 찰나, 그만 빗길에 미끄러져 오토바이가 넘어지고 말았습니다. 설상가상 피자마저 땅바닥에 다 쏟아져버렸습니다.

"이런, 이걸 어떻게 하나."

피자 모양이 다 흐트러져 이대로 갖다 줄 수도 없고 참으로 난감했습니다. 그런데 그곳을 지나가던 폐지 줍는 할머니가 남의 속도 모르고 불난 집에 기름을 끼얹었습니다.

"이거 못 먹으면 하나 가져가도 돼요? 우리 손자 좀 주려고요."

순간, 짜증이 확 치밀었습니다.

"할머니, 저리 가세요."

"우리 손자가 먹고 싶다고 했는데……. 내가 돈이 없어서 한 번도……."

콧수염 아저씨는 버럭 소리를 질렀습니다.

"할머니, 지금 뭐하는 거예요. 가시라고요!"

할머니는 멋쩍은 듯 머리를 긁적거리며 손수레를 끌고 어디론가 사라졌습니다. 그날, 결국 피자도 못 팔고 거기에 오토바이 수리비까지 나갔습니다. 아무튼 기분 꽝, 매출 꽝인 날이었습니다.

오늘은 폐업하는 날입니다.

콧수염 아저씨는 여느 때보다 더 분주합니다. 주방에서 재료 손질하랴 반죽 보랴 정신이 없습니다. 가게 문을 닫는 날이라 기분이 좋지 않을 텐데 희한하게도 콧수염 아저씨는 연신 휘파람을 불며 즐겁게 피자를 만듭니다.

지나가던 청년이 피자집 안으로 들어왔습니다.

"아저씨, 지금 피자 됩니까?"

"오늘은 안 됩니다. 아니 앞으로도 안 됩니다. 오늘 저희 가게 폐업하는 날입니다."

"하나 해주세요. 지금 피자를 만들고 계시잖아요?"

"아, 이 피자들요? 쓸 데가 따로 있습니다. 마지막이라 좋게 마무리하려고요."

콧수염 아저씨는 오늘 피자 100판을 만들어 공짜로 이웃들에게 나눠 주려 합니다. 폐업하는 게 마음 아프지만 그래도 뜻깊은 마무리를 하고 싶었습니다. 그동안 먹고 살기 바빠 앞만 보고 달려왔습니다. 그런데 이렇게 먹고살 수 있었던 것도 다 이웃들이 있었기에 가능했다는 걸 깨달은 것입니다.

드디어 첫 번째 피자가 나왔습니다. 콧수염 아저씨는 따끈따끈한 피자를 들고 폐지 할머니 댁으로 갔습니다. 지난번 일을 사과하고 싶었습니다.

"괜찮아요, 할머니. 공짜예요. 오늘은 공짜라니까요."

"아이고, 이걸 받아도 될지 모르겠네."

"손자랑 맛있게 드세요."

할머니는 대문 밖까지 나와 연신 고개를 숙였습니다.

"들어가세요. 어서 드셔요. 따뜻할 때 먹어야 맛있어요."

"다음번에는 꼭 돈 낼게요."

"저희 가게 오늘 폐업합니다. 그동안 감사했습니다."

"아이고 이런……."

그날 자정 무렵까지 100판을 만들고 100판을 배달했습니다. 콧수염 아저씨네 피자집의 '폐업 잔치'는 그렇게 끝났습니다. 오늘은 그 어느 때보다 더 바빴습니다. 물론 수입은 하나도 없었지만 그래도 마음은 행복했습니다. 좋은 마무리를 했기 때문에 분명 또 어디에선가 좋은 출발을 할 수 있을 거라 믿고 또 믿었습니다.

하나가 되는 조건

　지친 일상을 달래고 스트레스를 잊게 하는 방법을 누구나 하나쯤은 갖고 있을 겁니다. 술로 푸는 사람이 있습니다. 또 어떤 이는 수다로 풀기도 하고 어떤 이는 새로운 도전거리를 찾아 정신없이 시간을 보내기도 합니다. 그것도 아니라면 훌쩍 여행을 떠나기도 합니다. 가슴속에 쌓인 온갖 찌꺼기들을 하나둘 없애기 위해, 그렇게 나름의 시간을 보냅니다.

　나에게도 역시 지치고 힘든 일상이 계속될 때, 마음이 복잡해서 한걸음도 걷지 못할 때 나만의 힐링법 내지 에너지 충전법이 있습니다. 바로 연극과 뮤지컬 관람입니다.

연극이 보고 싶은 날이면 대학로로 나가고 뮤지컬이 보고 싶으면 대극장에 갑니다. 영화도 좋지만 연극이나 뮤지컬은 현장감이 있어 좋습니다. 살아서 팔딱팔딱 뛰어 움직이는 배우들을 보며 나 역시 살아 있음을 느낍니다.

몇 달 전, 발길 닿는 대로 걷다 보니 대학로 한복판에 내가 서 있는 겁니다. '아, 한 편 볼 때가 됐군.' 나를 위한 힐링 타임입니다. 홍보판에 붙은 수많은 포스터를 보며 어떤 걸 볼까 고민하는데 눈에 딱 들어온 게 하나 있었습니다.

〈19 그리고 80〉

도대체 저 숫자들은 무슨 의미일까? 숫자가 호기심을 자극했습니다. 그리고 여배우 박정자 씨가 출연한다는 정보가 강한 신뢰감을 줬습니다. 그래, 오늘은 이거다. 곧바로 소극장으로 향했습니다. 소극장 로비에 앉아 연극이 시작되길 기다리는 동안, 포스터와 팸플릿을 꼼꼼히 읽었습니다. 19세 소년과 80세 할머니의 사랑 이야기!

어라? 파격적인 소재였습니다.

쳇, 나이 차이가 어마어마한데 사랑이란 말이 가당치도 않지. 설마 이루어지겠어? 이루어진다고 해도 어색하고 이상할 거야. 이런 선입견이 가슴에 가득 쌓였습니다. 그러는 사이 연극이 시작되었습니다.

극이 중반 정도 진행되자, 19세 소년과 80세 할머니의 사랑 이야기에 나도 모르게 점점 빠져들었습니다. 나이 차이? 그건 사랑을 하는 데 아무런 장애가 되지 않았습니다.

극 후반부에 이르자 19세 소년과 80세 할머니의 사랑이 전혀 어색하게 느껴지지 않았습니다. 오히려 저게 사랑이지, 사랑을 저리도 유쾌하고 심오하게 할 수도 있구나, 감탄했습니다.

집으로 돌아오는 내내, 이 생각이 계속 맴돌았습니다.

'나이는 숫자에 불과하다.'

순간, 예전에 TV에서 본 어느 부부가 떠올랐습니다.

이 부부는 여느 부부와 다르지 않습니다. 좀 다른 게 있다면 남편과 아내의 나이가 38세나 차이가 난다는 겁니다. 나이 차이 외에 놀라운 건, 이 둘이 결혼 1년 차 신혼부부라는 사실이었습니다. 2011년 그 당시, 남편의 나이는 89세였고 아내는 남편을 '선생님'이라 불렀습니다.

아내의 마음이 아침부터 설렙니다. 오늘은 시골에 머물고 있는 남편을 만나러 가는 날이기 때문입니다. 여자는 곱게 차려입고 서둘러 남편에게 갑니다.

"선생님, 저 왔어요."

아내가 방으로 들어갑니다. 그런데 방은 아수라장입니다. 먼지가 뿌

엏게 쌓인 잡동사니로 발 디딜 틈조차 없었습니다. 남편의 모습 역시 꾀죄죄한 몰골에 추레한 행색입니다.

아내는 이 늙은 남편의 마음을 얻기 위해 무려 10년 동안 쫓아다녔습니다. 거기에다 아내는 명문대를 나온 인텔리이기도 했습니다. 그런데 어떻게 이런 이해하기 힘든 선택을 한 걸까요? 이 아내의 선택에 찬성하는 사람은 아무도 없었습니다. 이 일로 인해 가족과는 인연이 끊어졌습니다. 프로그램이 끝나갈 때쯤 아내는 자신이 남편을 선택한 이유를 이렇게 고백합니다.

"남들은 다 나를 미쳤다고 하지만 전 그렇지 않습니다. 전 어릴 때부터 현모양처가 꿈이었습니다, 그래서 결혼도 일찍 했어요. 그러나 전 남편을 신뢰할 수도 더군다나 존경할 수도 없는 상황에 이르렀습니다. 사람이 마음을 주고받고 해야 사는 건데……. 결국 헤어졌습니다."

아내가 마음의 상처와 인생의 허무를 안고 살아가고 있을 때, 그 사람이 나타났다고 합니다.

"나를 보고 활짝 웃으시는 그 미소가 너무나 좋았습니다. 내 모든 것을 다 이해해줄 것 같았습니다. 마음의 의지가 되는 사람이었습니다."

그렇게 해서 여자는 남자를 만나게 된 것입니다. 마음이 통할 것 같고 내 마음을 알아줄 것 같고 나를 이해해줄 것 같다는 이유만으로. 아니 그 이유면 충분하다고 생각한 것입니다.

〈19 그리고 80〉과 TV에 나온 부부의 살아가는 모습을 보면서 사랑이란 무엇인가에 대해 다시 한번 생각하게 됩니다.

당신은 지금 사랑하는 사람과 살고 있나요?

사랑은 잠시였고 전쟁만 지속되고 있는 건 아닌가요?

왜 우리들의 사랑은 갈등과 반목으로 얼룩져야 하는 걸까요? 사랑이 식어서? 지나치게 익숙해져서? 먹고살다 보니 무관심해져서? 물론 그럴 수 있습니다. 그러나 그러한 것들은 다 변명에 지나지 않습니다.

여전히 내 것만, 내 생각만, 내 방식만을 고집하고 강요하기 때문입니다. 나이 차이, 성격 차이, 환경 차이보다 더 심각한 문제는 바로 배려 없는 이기심입니다.

부부는 하나가 될 수 없습니다. 꼭 부부가 아니더라도 그 누구도 누군가와 하나가 될 수 없습니다. 태어날 때부터 독립체였기에 불가능합니다. 다만 그 다름을 극복할 순 있습니다. 방법은 간단합니다. 조건 없이 받아주고 이해해주는 겁니다. 사람과 사람을 잇는 것은 화려한 조건이나 수려한 언변이 아니라 바로 받아들임과 이해입니다.

훔칠 수 없는
단 한 가지

건우라는 청년이 있습니다. 그 청년에겐 선영이라는 여자친구가 있습니다. 둘은 친구이지만 연인이기도 합니다. 그런데 둘 사이에 금이 가고 있습니다. 건우가 지나칠 정도로 사진 찍기에 푹 빠져 있기 때문입니다.

그날도 건우는 사진 여행을 떠납니다.

"꼭 가야 돼?"

"미안해. 이번만 봐줘라."

"도대체 몇 번째야? 허구한 날 사진이야."

선영은 가지 말라고 말리지만 건우는 한사코 가겠다고 합니다. 서로

실랑이를 하다 결국 선영이 포기한 듯 건우를 보내줍니다.

사진 여행을 가게 된 건우.

건우는 커다란 나무를 카메라에 담기 위해 들판에 섰습니다. 그리고 셔터를 눌렀는데 마법과도 같은 일이 벌어집니다.

"어? 이럴 수가!"

커다란 나무가 카메라 안으로 빨려 들어온 것입니다. 세상에 이런 일이. 설마설마하다가 혹시나 하는 마음으로 이번에는 음료수 캔을 카메라로 찍어봅니다. 마법은 또 일어났습니다. 음료수 캔이 카메라 안으로 쏙 들어온 것입니다. 이왕 이렇게 된 거 건우는 욕심을 내봅니다.

'그래, 선영이에게 목걸이를 선물해야지.'

건우는 카메라를 보석상 진열대에 놓인 목걸이에 들이댑니다. 그러니 이번에도 역시 목걸이가 카메라 안으로 쏙 들어옵니다. 건우는 세상 모든 것을 다 가질 수 있게 되었습니다.

집에 돌아온 건우는 카메라에 몰두합니다. 그러는 동안 선영은 더더욱 외로움을 느끼고, 이런 생각까지 하게 됩니다.

'그래, 이제 다 끝이야. 나보다 카메라가 먼저인 남자하곤 더 이상은 곤란해.'

며칠 만에 다시 만나게 된 건우와 선영. 건우는 선영에게 뜻밖의 말을 듣게 됩니다.

"우리 헤어져."

이별 통보에 당황한 건우는 선영에게 용서를 빌며 매달립니다.

"정말로 미안해. 앞으로 너한테 더 많이 신경 쓸게."

건우가 무릎까지 꿇었지만 선영은 뒤도 돌아보지 않고 그대로 가버립니다. 멀어져가는 선영을 보며 건우는 안절부절못합니다.

'이대로 보낼 순 없어!'

건우는 카메라를 꺼내 선영에게 초점을 맞춥니다. 최대로 줌인을 하여 선영을 끌어당깁니다. 그리고 셔터를 누릅니다. 선영의 마음을 가지고 싶었습니다.

그런데 희한하게도 이번에는 마법이 통하지 않았습니다.

선영은 카메라 안으로 들어오지 않았습니다. 건우는 또다시 셔터를 눌렀습니다. 이번 역시 아무런 반응이 없습니다. 그러자 건우는 미친 듯이 마구 셔터를 눌러댑니다. 셔터를 누를 때마다 길거리의 휴지며 전봇대, 심지어 집 지붕까지 그 모든 것들이 다 카메라 안으로 빨려 들어옵니다. 그런데 오직 선영만큼은 담을 수 없었습니다. 결국 건우는 그 자리에 주저앉았고 선영은 끝내 멀어져갑니다.

이 이야기는 이정우 감독의 단편영화 〈더 카메라〉의 내용을 제 나름대로 정리해본 것입니다. 20분 남짓한 이 짧은 영화를 보노라니 '어느 도둑 이야기'가 떠올랐습니다.

아주 솜씨가 뛰어난 도둑이 있었습니다.
그는 맘만 먹으면 모든 것을 다 자신의 손에 넣을 수 있습니다. 다이아몬드 반지? 하룻밤이면 그 비싼 다이아몬드 반지가 그의 손에 들어옵니다. 노트북? 그건 누워서 떡 먹는 것만큼 쉬운 일입니다. 보안경비가 아무리 철통같아도 그 앞에서는 무용지물이 됩니다. 담을 넘는 건 3초면 끝, 달아나는 건 바람과도 같은 속도. 어떤 물건이든 상대가 눈 깜짝할 사이에 슬쩍할 수 있는 천재적인 손놀림과 대담성은 그 누구도 따라올 수 없습니다.

맘만 먹으면 모든 것을 순식간에 훔쳐내는 그. 그런데 그도 훔칠 수 없는 게 단 하나 존재합니다. 아무리 훔치려 애썼지만 도저히 훔칠 수 없습니다.
네, 바로 '사람의 마음'입니다.

사람의 마음을 얻는다는 것, 그건 쉬운 일이 아닙니다. 특히, 사랑하는 사람의 마음을 얻는다는 건 더더욱 어려운 일이지요.

사랑하는 사람의 마음, 우리는 그 마음을 얻기 위해 참으로 많은 시간을 투자하고 방황하고 울고 안타까워합니다. 그 마음을 조금이라도 얻는다면 얼마나 행복한 일일까요? 그러나 모든 게 다 뜻대로만 되는 건 아닙니다.

아무리 두드려도 문이 열리지 않을 때가 있습니다. 마음을 끝끝내 얻지 못하면 괴롭고 아프겠지요. 그렇다고 자책하거나 절망하지는 마세요. 이루지 못한 사랑도 고운 사랑이니까요. 그 마음을 얻고자 노력했던 그 시간도 아름다운 인생일 테니까요.

잠시나마
심장이 바운스

뜨거운 여름이 지나면 대지의 온도가 서서히 식어가듯, 사랑 역시 정점을 찍은 후에는 점점 식어가기 마련입니다. 거기에 세월까지 합세하면 그 사랑은 거의 힘을 잃고 맙니다. 내가 언제 사랑을 했던가, 기억조차 가물가물해집니다. 사랑, 그건 한가한 사람들의 이야기라고 치부하고 맙니다.

많은 사람이 사랑이 식은 후에는 무감각해진 심장을 달고 살아갑니다. 사랑은 이제 다 끝났다고 생각하며 말입니다. 그러나 사랑은 마침표를 찍지 않았습니다. 언제든지 다시 찾아올 수 있는 게 사랑인 거죠. 그 사랑이 찾아오면 무감각해진 심장도 다시 콩닥콩닥 뛰기 마련입니다. 여기 편지 한 통에 가슴 설레는 두 남자가 있습니다. 과연 이들에게 무슨 일이 일어난 걸까요?

어느 일요일, 덕용은 편지 하나를 읽고 있습니다. 그 편지에는 다음과 같은 내용이 적혀 있었습니다.
"저는 당신을 사랑해요. 아주 오래전부터 당신만을 바라보았어요. 매일 버스 정류장에서 당신을 훔쳐보았고 매일 밤, 당신을 그리워하며 잠이 들었지요. 당신이 보고 싶어요. 정말 사랑해요. 오늘 오전 11시에 공원 화장실 입구 앞으로 꼭 와주세요. 저는 젊고 아주 예쁜 편이에요. 당신에게 부족함이 없는 그런 여자랍니다. 당신이 나올 때까지 기다리겠습니다. 제발 나의 사랑을 받아주세요."
편지를 다 읽은 덕용은 어깨를 으쓱거리더니 이마에 맺힌 땀방울을 닦았습니다.
'도대체 이게 무슨 일이람! 나에게는 사랑하는 아내도 있고 아들도 있는데……. 어떤 아가씨가 나에게 이런 장난을 치는 걸까?'
덕용은 편지를 방바닥에 내던졌습니다.
'결혼한 남자에게 이런 편지를 보내다니 개념이 전혀 없구만. 아주 불쾌하고 짜증나는군.'
사실, 덕용은 결혼한 후로 이런 가슴 설레는 편지는 처음 받아보았습니다. 지금의 아내에게 그 흔한 생일 카드 한 장도 받지 못했습니다. 그래서 그런지 몰라도 이 편지를 받고 나니 기분이 묘하고 약간은 흥분되기도 했습니다.

덕용은 소파에 누워 깊은 생각에 빠졌습니다.

'혹시 버스정류장 앞에 있는 꽃집 아가씨가 아닐까? 아니야! 그럴 리 없어. 나랑 한 번도 대화를 나눈 적이 없어. 혹시 모르지, 나를 보는 순간 한눈에 사랑에 빠졌을지도. 내가 비록 좀 뚱뚱하긴 해도 이 정도면 매력적이지. 남자답고 낭만도 있고.'

그때였습니다.

아내가 다가와 덕용의 옆구리를 꾹 찔렀습니다.

"당신, 심각한 표정으로 뭘 그렇게 생각해?"

순간, 덕용은 깜짝 놀랐습니다.

"아…… 아, 아냐, 내가 뭘! 그냥 머리가 좀 아파서 그런 거야."

덕용은 더는 그 편지를 생각하지 않기로 마음을 먹었습니다. 그런데 희한하게도 생각하지 않기로 한 순간부터 더더욱 편지가 생각났습니다. 마치 흰곰을 생각하지 말자 하는 순간 온통 머릿속에 흰곰만 가득하듯. 덕용은 안절부절못하고 한숨만 내쉬었습니다.

'슬쩍 한번 가볼까? 숨어서 몰래 한번 보고 올까? 그래, 멀리서 보고

만 오는 거야.'

덕용은 서둘러 옷을 챙겨 입었습니다.

그때였습니다. 아내가 방으로 들어와 덕용에게 물었습니다.

"당신, 어디 가? 일요일인데 무슨 약속이라도 있어?"

"그, 그냥 머리가 아파서 공원에 산책이나……."

덕용은 설레는 마음으로 한 걸음, 한 걸음 공원으로 향했습니다. 일요일이라 그런지 공원에는 꽤 많은 사람들이 있었습니다. 덕용은 키가 큰 나무 뒤로 몸을 숨겼습니다. 그리고 건너편에 있는 공원 화장실 입구 주변을 훔쳐보았습니다.

'저 중에서 누구일까? 저 뚱뚱한 아가씨일까? 아니면 안경을 쓴 저 할머니? 아니야, 아니야! 편지 내용으로 봐서는 정말 멋진 아가씨일 거야. 어, 그러면 안경을 쓴 저 여자! 그래 바로 저 여자야! 그런데 내 가슴이 왜 이렇게 뛰는 걸까? 이러면 안 돼. 그럼. 안 되고말고.'

뛰는 가슴을 가까스로 진정시킨 후, 덕용은 황급히 집으로 돌아왔습니다.

집 안으로 들어서자마자 청소하던 아내가 덕용에게 다가오더니 대뜸 이렇게 말했습니다.

"왜 혼자 와?"

"무슨 소리야?"

"아들이랑 같이 올 줄 알았는데."

"아들?"

"그래, 당신 아들도 공원에 있을 거야. 아마도 나무 뒤에."

"무슨 소리야?"

아내는 덕용에게 다가가 귓속말로 속삭였습니다.

"그 편지, 내가 쓴 거야. 아들한테도 똑같이 썼지. 어서 아들 데리고 와. 그 녀석 종일 화장실 주변만 기웃거릴 거야."

순간, 덕용의 얼굴은 사과처럼 시뻘겋게 물들었습니다.

"그런 장난을 치면 어떡해!"

아내는 머리를 긁적이며 말했습니다.

"미안해. 오늘 청소 좀 하려는데 당신이랑 아들이 있으면 방해만 되잖아. 그래서 밖으로 내보내려고 그랬어. 청소 거의 끝났으니까 어서 아들 데리고 와."

위 이야기는 러시아의 작가 안톤 체호프의 단편 〈어느 여인의 편지〉를 나름 각색해본 겁니다. 우리의 가슴은 여전히 뛰고 있습니다. 서로가 조금씩 더 배려하고 이해할 때 가슴 뛰는 사랑, 얼마든 더 연장할 수 있습니다.

추락하는 자만, 날개

경험과 나이와 성공이 쌓여갈수록 늘어가는 게 있습니다. 삶의 지혜 혹은 행복이라 말하는 사람도 있을 겁니다. 물론 그 말도 맞습니다. 그러나 그와 반대로 부정적인 것도 늘어가기 마련입니다. 대표적인 것이 '자만'입니다.

자만에 관해 다룰 때 늘 빠지지 않고 등장하는 이야기가 있습니다. 그리스 신화에 나오는 '이카로스의 날개'입니다.

손재주가 뛰어난 '공예의 신' 다이달로스는 왕의 노여움을 받아 그의 아들 이카로스와 함께 미로 속에 감금되었습니다. 그러나 다행히 탈출

할 방법을 찾아냈습니다. 다이달로스는 한 뭉치의 깃털과 밀랍을 갖고 있었습니다. 다이달로스는 깃털을 엮어 날개를 만들었습니다. 그리고 그 날개를 아들의 어깨에 밀랍으로 붙였습니다.

"자, 이제 이곳을 빠져나가자. 잘할 수 있겠느냐?"

"예. 아버지. 해보겠습니다."

"주의할 게 있다. 날 때 적당한 높이를 유지해야 한다. 너무 높게 날면 태양열 때문에 밀랍이 녹고 만다. 알겠지?"

"예. 걱정 마세요."

날개를 얻은 이카로스는 힘차게 하늘을 향해 날아올랐습니다. 처음엔 미숙했지만 조금 지나자 날개가 익숙해졌습니다.

'하늘을 나는 게 이런 기분이구나.'

미로를 빠져나온 이카로스는 점점 더 높은 곳으로 날아올랐습니다. 답답했던 미로 속에서만 지냈던 지난날이 억울하다는 생각도 들었지만 그것도 잠시. 곧 하늘을 자유롭게 날 수 있다는 해방감에 흠뻑 취하기 시작했습니다. 그런데 그 기분을 거기서 멈춰야 했는데 그만 자만심이 고개를 들기 시작했습니다.

"나처럼 높이 나는 이는 아무도 없을 거야. 자, 보라고. 세상 모든 것이 지금 내 발밑에 있잖아. 그래, 한번 가보자. 저 태양 속으로!"

고도를 계속 높이던 이카로스는 결국 에게 해의 거친 파도 위로 떨어지고 말았습니다. 강렬한 태양열에 깃털을 이어붙인 밀랍이 녹아내렸던 것입니다. 이카로스는 그렇게 생을 마감하고 말았습니다.

자만이 인생에 찾아오는 순간, 그 사람은 앞뒤 좌우도 볼 수 없는 외골수로 변합니다. 타인의 의견이나 생각을 들으려 하지도 않고 오직 자신의 의견과 생각만이 옳다고 믿습니다.

그뿐만 아니라 남의 조언이나 충고에 대해 기분 나쁘게 생각하고 오히려 조언자를 가르치려 합니다. 또 하나, 새로운 것을 수용하려는 마음이 없어집니다. 과거의 관행과 습관에 집착합니다. 그렇게 남을 배제하고 오직 자기만을 내세우다 보면 결국 지금까지 쌓아왔던 공든 탑이 무너지고 맙니다.

제대로 된 인생을 살아가려면 자신의 능력이나 재능이 남보다 우월하고 지금의 환희가 계속될 거라는 자만을 경계해야 합니다. 힘과 부가 강해지고 많아질 때일수록 자만심을 경계하고 스스로의 마음을 더욱 지켜나가야 합니다. 위기는 늘 가장 좋을 때 찾아오기 때문입니다.

늙은 사공의 이야기를 새겨들어 봅니다.

늙은 사공이 물살이 거친 강물을 힘겹게 건너왔습니다. 그런데 배에서 내리지 않고 출렁이는 뱃전 위에 계속 앉아 있었습니다. 강가에서 그를 본 사람이 말했습니다.

"어르신, 이제 배에서 내려오세요. 오후에는 강을 건너는 사람이 없을 것 같습니다."

늙은 사공은 고개를 내저으며 말했습니다.

"여기에 있는 이유가 다 있소."

"그 이유가 뭐죠? 왜 힘들게 거기 계시는 거죠?"

"평탄한 길 위에 있으면 편하다는 걸 잘 아오. 그런데 편안하면 사람이 나태해지고 심지어 자만해지기 십상이오. 그래서 일부러 출렁이는 이곳에 있는 거요. 내 마음을 지키기 위해서라오."

늙은 사공의 말처럼 자만에 빠지지 않기 위해서는 늘 자신을 경계하고 절제하고 긴장시키는 마음 관리가 꼭 필요하겠습니다.

세상에서 가장 맛있는
꽁치김치찌개

오늘은 전 직장을 그만두고 새 직장에 출근한 첫날.

처음이라는 단어엔 설렘이 있긴 하지만 사실 현실에서는 설렘보다는 두려움과 걱정이 앞섭니다. 익숙한 것들에서 벗어나 새로운 장소에서 새로운 사람과 일을 한다는 것, 그건 쉬운 일이 아닙니다. 적응하기도 전에 갈등이 생길 수 있고 주어진 일이 맞지 않을 수도 있습니다. 괜히 새 직장으로 옮겼구나 하고 후회의 마음이 생길 수도 있는 법. 여하튼 모든 것이 다 조심스럽고 주눅이 들기 마련입니다.

여하튼 낯선 곳에 첫 출근을 한 김 대리는 여러 가지로 마음이 불안했습니다.

김 대리는 병아리가 어미 닭을 졸졸 따라다니듯 인사팀장 뒤에 바싹 붙어다니며 각 부서 직원들과 인사를 했습니다.

"안녕하세요. 오늘부로 광고홍보 1팀에서 일하게 되었습니다. 잘 부탁드립니다."

"예. 잘해봅시다. 우리 부서에도 자주 놀러 와요."

"예. 그러겠습니다."

김 대리는 경영지원팀과 디자인팀, 광고홍보 2팀을 거쳐 마지막으로 그가 앞으로 일하게 될 광고홍보 1팀에 도착했습니다.

1팀은 분주했습니다. 팀장은 물론이고 팀원들도 다들 일하느라 정신이 없었습니다.

인사팀장이 1팀장을 불렀습니다.

"팀장님, 아무리 바빠도 여기 좀 보세요. 오늘 팀원 한 명이 충원되었습니다. 김 대리입니다."

김 대리는 팀장과 팀원들에게 더욱 깍듯이 인사를 했습니다. 앞으로 함께 호흡을 맞출 사람들이라 더 신경이 쓰였습니다.

1팀장은 고개만 살짝 까닥이더니 다급한 말투로 말했습니다.

"김 대리, 일단 환영해요……. 그런데 지금 우리가 정신없으니까 나중에 정식으로 인사하도록 하지."

"……아, 예."
"일단 거기 빈자리에 앉아 있으면 되겠네."

하필이면 오늘 중요한 경쟁 프레젠테이션이 있는 날이라고 합니다. 팀원 전체가 시간적으로나 심적으로나 쫓기는 상황입니다. 당연히 김 대리에게 신경 쓸 여유가 없었습니다.

김 대리는 자리에 앉았습니다. 마음 같아선 뭔가를 돕고 싶었지만 지금 돌아가는 상황을 잘 모르기 때문에 섣불리 나설 수도 없었습니다. 어쩔 수 없이 김 대리는 있는 듯 없는 듯 조용히 자리만 지키고 있었습니다.

1팀장과 최 부장, 그리고 사원 한 사람이 프레젠테이션을 위해 11시 30분쯤 부랴부랴 사무실을 나갔습니다. 1팀에는 유 차장과 최 PD 그리고 김 대리만 남게 되었습니다.

어느덧 점심시간이 되었습니다.
유 차장이 책상 위의 지갑을 챙기더니 최 PD에게 말했습니다.
"최 PD, 오늘 나 약속 있으니까 김 대리랑 같이 식사해. 알았지?"
"예. 맛있게 드세요."
유 차장이 밖으로 나가자, 최 PD가 김 대리에게 다가와서 미안한 표정으로 말했습니다.

"김 대리님, 어쩌죠? 오늘 첫날인데……. 저도 선약이 있어서요. 죄송합니다."

"아, 아닙니다. 괜찮습니다. 맛있게 식사하세요."

"그럼, 식사 맛있게 하세요."

최 PD도 서둘러 밖으로 나갔습니다. 다른 팀에서도 삼삼오오 짝을 지어 식사를 하기 위해 밖으로 나갔습니다. 사무실엔 김 대리 혼자만 남았습니다.

'휴, 다 갔잖아. 어떡하지?'

김 대리는 자리에서 일어나 서성거렸습니다. 출근 첫날이라 아는 사람도 없습니다. 인근 식당에 대해서도 잘 모릅니다. 혹 안다고 해도 혼자 가서 밥을 먹는 건 청승맞을 것 같습니다. 참으로 난감했습니다.

꼬르륵.

한 일도 없는데 배는 밥 달라고 아우성입니다. 낯선 곳에서 덩그러니 혼자 남겨져 있다는 사실 때문인지 마음속까지 허기가 졌습니다.

'아, 배고프다.'

김 대리는 책상에 고개를 처박았습니다. 달리 방법이 없었습니다. 그냥 굶자고 결정을 한 것입니다.

꼬르륵.

'점심시간아, 빨리 끝나라.'

김 대리의 바람과는 달리 시간이 참으로 더디게 흐릅니다. 이건 뭐랄까, 무리에서 동떨어진 낙동강 오리알이 된 기분입니다. 한참을 손을 베고 누워 있었더니 슬슬 손목이 저려왔습니다. 괜히 짜증이 납니다.

점심시간이 반쯤 지나갈 무렵, 최 PD가 사무실 안으로 들어왔습니다. 최 PD는 엎어져 있는 김 대리를 보고 어쩔 줄 몰라 했습니다.

"어? 김 대리님, 식사 안 하셨어요?"

"……어, 예. 그렇게 됐네요. 별생각이 없어서요."

최 PD는 미소 섞인 목소리로 친근하게 말했습니다.

"저도 식사 안 했는데 김 대리님, 지금 저랑 같이 하시죠."

"최 PD님, 아까 점심 약속 있다고 하지 않으셨어요?"

"만나긴 했는데 식사는 못했습니다. 김 대리님, 어서 가시죠. 무지하게 배고프네요."

"아, 예."

김 대리와 최 PD는 밖으로 나갔습니다.

"김 대리님, 뭐 드시고 싶은 거 있으세요?"

"이 회사 근처에 꽁치김치찌개가 유명하다고 들었어요. 그거 맛 좀 보고 싶네요. 최 PD님, 어떠세요?"
"아, 꽁치김치찌개요. 좋죠."

둘은 식당에 들어가 꽁치김치찌개를 시켜 먹었습니다.
"역시 소문대로 맛있네요."
"그렇죠? 많이 드세요. 김 대리님."
맛있게 식사를 하고 둘은 식당 밖으로 나왔습니다. 그런데 식당 앞에서 한 남자가 최 PD의 어깨를 툭 치며 아는 척을 했습니다.
"최 PD, 왜 여기서 나와? 아까 나랑 꽁치찌개 먹었잖아."
순간, 최 PD는 당황한 듯 얼굴이 빨개졌습니다.
"어, 민 차장님, 그, 그런가요? 제가 민 차장님이랑 먹었던가요?"
"뭐야, 제정신이야?"
"아, 그, 그랬죠. ……요즘 부쩍 먹고 일어나면 금세 또 배가 고파져요. 천고마비의 계절이라 그런가? 제가 말띠잖아요. 민 차장님, 어서 올라가세요."

최 PD는 김 대리를 위해 똑같은 메뉴로 두 번씩이나 식사를 한 것입니다. 최 PD는 머리를 긁적거리며 멋쩍은 표정으로 김 대리를 쳐다봤습니다. 김 대리는 씩 미소를 지으며 최 PD에게 말했습니다.

"어휴, 최 PD님. 저 때문에……. 고맙습니다. 같은 메뉴를 두 번씩이나……. 이거 너무 죄송합니다."

"아, 아니에요. 오히려 제가 미안하죠. 새로 오셨는데 제대로 대접도 못하고. 이해해주세요. 오늘 팀이 무척 바쁘네요. 그리고 다들 약속이 있어서……."

"아닙니다. 최 PD님, 고맙습니다. 제가 커피 한 잔 대접할게요. 배가 많이 부르실 텐데 드실 수 있겠어요?"

"물론이죠. 저 요즘 자꾸 땡긴다니까요. 가시죠."

김 대리는 최 PD를 흐뭇한 표정으로 바라보며 마음속으로 생각했습니다.

'참으로 멋지고 고마운 사람이네.'

볕이 참 좋은 가을날, 둘은 그렇게 이야기를 나누며 행복한 오후 속으로 걸어갔습니다.

아름다운
사진 한 장

    나의 아내는 대학교에 입학하기 전까지 시골에서 지냈습니다. 언니들은 다 도시로 떠나고 홀로 남았습니다. 부모님은 농사일로 늘 바빴기 때문에 집에서 혼자 지내는 시간이 많았습니다.
    그 당시, 참 쓸쓸하고 심심했다고 합니다. 그나마 다행이었던 건 마음을 나눌 친구가 있었다는 겁니다. 그 친구는 바로 '검비'라는 개였습니다.
    화장실을 갈 때도 검비와 함께, 구멍가게를 갈 때도 검비와 함께, 친구네 집에 놀러 갈 때도 검비와 함께였습니다. 밭에서 고구마를 캐올 때도 검비와 함께였습니다. 그리고 울고 싶은 날도 역시 검비와 함께했습니다. 그렇게 학교에서 보내는 시간 외에는 거의 모든 시간을 검비와 지내며 마음을 나눴다고 합니다.

  그래서 그런지 몰라도 지금도 여전히 개나 강아지만 보면 좋아서 어쩔 줄 모릅니다. 길거리에서 강아지들을 보게 되면 그냥 지나치질 않습니다.

"어머, 귀여워라. 참 귀엽네요? 이름이 뭐예요?"

"아, 돌멩이요."

"돌멩이요? 이름이 참 특이하네요."

"이 녀석이 자주 돌멩이를 집어먹거든요. 사료를 넉넉하게 주는데 왜 그러는지 모르겠어요."

"하하. 이 쪼그만 것이 이빨 자랑하려고 그러나. 알았어. 네 이빨 강하니까 담부턴 그러지 마. 알았지?"

"멍멍."

"어머, 대답도 잘하네."

  아내는 강아지에게서 쉽사리 눈을 떼지 못합니다. 내가 옆구리를 콕콕 찔러야 그제야 자리를 뜹니다.

  예전부터 아내는 강아지를 한 마리 키우자고 내게 제안했습니다. 그런데 나는 한사코 고개를 내젓습니다.

고백하건대 나는 강아지가 무섭습니다. 어릴 적 강아지에게 물린 경험도 없는데 왜 강아지를 무서워하게 됐는지 나 자신도 모르겠습니다. 강아지가 내 옆으로 다가오면 어쩔 줄 몰라 합니다. 마치 석고상처럼 그 자리에서 굳어버리고 맙니다.

그렇다고 강아지를 키울 맘이 아예 없는 건 아닙니다. 아내를 위해서라도 그렇고 특히, 반려견에 관한 훈훈한 소식이 들려올 때마다 마음이 흔들리기도 합니다.

인터넷에 사진 한 장이 올라왔습니다. 남자 한 명이 차가 쌩쌩 다니는 도로 한복판에 쓰러져 있고 개 여러 마리가 남자 주위를 둘러싸고 있습니다. 개들은 마치 그 남자를 보호하려는 것처럼 보였습니다.

이 한 장의 사진에는 다음과 같은 사연이 담겨 있습니다.

남자는 아내를 잃은 후, 깊은 시름에 빠졌습니다. 사실 그럴 만도 하지요. 자신의 반쪽이 떨어져 나갔는데 온전할 사람이 어디 있겠습니까? 남자는 아내에 대한 그리움을 달래기 위해 자주 술을 마셨습니다. 그리고 길 잃은 개들을 하나둘 거두며 허한 마음을 채워나갔습니다.

그날도 그랬습니다.

술에 잔뜩 취한 남자는 집에 가기 위해 도로를 무단으로 건너가기 시작했습니다. 그런데 도로 한복판에서 그만 정신을 잃고 쓰러지고 말았습니다. 그 도로는 제정신을 가진 사람이 건너가기에도 위험천만한 곳입니다. 차들이 무서운 속도로 쌩쌩 달립니다.

차 한 대가 남자의 바로 옆을 지나갔습니다. 하마터면 차에 치일 뻔한 아찔한 상황입니다. 그리고 그런 아찔한 상황은 계속됩니다.

그때였습니다.

열두 마리의 개가 멍멍멍 짖으며 도로 한복판에 쓰러져 있는 남자 곁으로 우르르 몰려왔습니다. 이 남자가 키우는 개들이었습니다. 개들은 쓰러진 주인을 엄호하듯 모여서 감쌌습니다. 그렇게 개들이 차를 막은 덕분에 그는 구급차가 올 때까지 무사할 수 있었습니다.

이런 소식을 접할 때면 불쑥 이런 말이 튀어나옵니다.

"차라리 사람보다 낫다."

절대로 배신하지 않고 주인을 위해 온 정성을 다 쏟는 개.

때론 마음까지 알아주는 좋은 친구인 개.

이런 개라면 저도 한 마리 키우고 싶다는 생각이 듭니다. 조금씩 용기를 내봐야겠습니다. 이제는 개나 강아지가 접근해도 도망치지 않고 먼저 쪼그려 앉아 손을 내밀어 봐야겠습니다. 그 녀석들이 내 손가락을 핥는다고 생각하니 벌써부터 오금이 저리긴 하지만 그래도 맘먹고 잘 버텨보려 합니다. 그러다 보면 언젠가 사랑스러운 개들이 내 품에서 새근새근 잠이 들 날도 오겠지요.

할아버지의 프리허그

비가 오나 바람이 부나 꽃이 피나 꽃잎이 떨어지나, 할아버지는 오늘도 어김없이 초등학교 앞에서 호루라기 소리와 함께 아침을 시작합니다.

"삑삑."

학교 사거리 건널목 앞에서 호루라기 소리가 힘차게 울려 퍼집니다. 할아버지는 아이들의 안전한 등굣길을 책임지고 있습니다. 누가 시킨 일도 아닙니다. 하루 거른다고 해서 누가 뭐라고 할 사람도 없습니다. 그런데도 할아버지는 아이들이 학교 가는 날이면 하루도 거르지 않고 늘 그 자리에 서 있습니다.

"꼬마야, 차 조심해. 위험해. 할아버지가 호루라기를 불면 그때 건너가. 알았지?"

"예."

"삑삑."

"어서들 건너가거라."

아이들은 건널목을 지날 때면 신호등보다 할아버지의 호루라기 소리에 더 의지했습니다. 그만큼 할아버지는 정확했고 안전했고 다정했습니다. 등굣길마다 만나는 할아버지이기 때문에 아이들도 이제는 할아버지가 낯설지 않았습니다. 몇몇 아이들은 '호루라기 할배'라 부르며 인사도 했습니다.

"어, 그래. 몇 학년이지?"

"3학년이에요."

"그렇구나. 선생님 말씀 잘 듣고 잘 놀다 오렴."

"예."

오후가 되어 아이들이 하교할 무렵이 되면 할아버지는 다시 또 학교 앞으로 나옵니다. 그런데 오전과는 좀 다른 모습입니다. 호루라기도 없고 평상복도 아닙니다. 할아버지는 군복을 입고 있습니다. 거기에 특이한 게 하나 더 있습니다. 이상한 팻말을 들고 있습니다. 그 팻말에는 이런 글귀가 적혀 있었습니다.

"공짜로 안아 줄게요. 원하는 학생은 품 안으로, 사랑을 나눠요."

하교 시간이 되자, 아이들이 교문 밖으로 우르르 쏟아져 나왔습니다. 할아버지는 더욱 팻말을 높게 들었습니다. 그런데 아이들 대부분은 팻말에 별 관심이 없는 듯 그냥 지나쳤습니다. 그런데 이따금 고개를 갸웃거리며 다가오는 아이도 있었습니다.

"할아버지, 이게 뭐예요?"

"응. 공짜로 안아주는 거야. 서로 체온을 나누고 정을 나누고 사랑을 나누는 거지. 우리 한번 해볼까?"

"싫어요. 엄마가 낯선 사람이랑은……. 안녕히 계세요."

"그래, 잘 가렴."

몇몇 다른 아이들도 호기심을 보이긴 했지만 다가와 품에 안기는 아이는 아무도 없었습니다.

다음 날도 할아버지의 일과는 변함이 없습니다. 오전에는 교통정리를 하고 오후에는 군복을 입고 팻말을 든 채 교문 앞에 서 있었습니다. 물론 그날도 할아버지 품에 안기는 아이는 아무도 없었습니다.

다음 날도 마찬가지였습니다.

호루라기를 불 때는 그나마 아이들이 친근함을 표시했는데 군복 입고 팻말을 들고 서 있을 때는 다들 외면했습니다. 사실 그럴 만도 한 게 낯선 누군가의 품에 안기는 일은 좀 부끄럽기도 하고 이상하기도 합니다. 멋진 연예인라면 모를까 누가 군복을 입은 할아버지를 껴안고 싶겠습니까? 아무리 공짜라고 해도 말입니다.

그러던 어느 날 오후, 학교 관리인 아저씨가 할아버지에게 다가와 음료수 한 캔을 건네며 말했습니다.

"할아버지, 더운데 이거 하나 드시고 하세요. 종일 벌서는 것도 아니고, 그 팻말을 들고 있는 거 안 힘드세요?"

"고맙습니다. 주시는 거니까 잘 먹겠습니다."

"예. 어서 드세요. 그나저나 왜 이런 일을 하세요? 오전에는 교통정리 하고 오후에는 공짜로 안아주기를 하고. 무슨 특별한 이유라도 있나요?"

할아버지는 미간을 찌푸리며 눈을 깜박였습니다. 아무래도 사연이 있는 듯했습니다.

"아이고, 제가 괜한 걸 여쭸나 보네요. 죄송합니다."

할아버지는 짧은 한숨을 내쉬며 입을 열었습니다.

"아닙니다. 숨길 일은 아니죠. ……사실 몇 해 전, 제 손자를 잃었습니다. 학교 앞에서 교통사고를 당했죠. 손자를 먼저 보내고 얼마나 가슴이 아팠는지 모릅니다. 그런데 문득 옛날 생각이 나는 거예요. 손자 녀석이 집에 놀러 올 때마다 저는 늘 딱딱한 말투로 사나이는 씩씩하고 용감해야 한다고 강조했죠. 제가 군인 출신이라 그런지 다정함과는 거리가 멀거든요. 생각해보니 단 한 번도 손자를 안아준 적이 없지 뭡니까. 그게 어찌나 그 녀석한테 미안했던지……. 그 생각만 하면 눈물이 납니다. 할아버지가 얼마나 무섭고 싫었을까요. 그래서 이 일을 하는 겁니다. 우리 성호가 하늘에서…….”

할아버지는 더는 말을 잇지 못했습니다.

"그런 사연이 있는 줄 몰랐습니다. 성호도 이제 할아버지를 다 이해했을 거예요. 고마워도 하고요. 그러니 이제 그만 하세요. 더운 날씨에 쓰러지기라도 하면 어찌시려고요.”

"아닙니다. 계속해야죠. 분명 내 품이 필요한 아이가 있을 겁니다.”

할아버지는 뙤약볕에서 다시 팻말을 들고 서 있었습니다. 그런데 그때, 기적 같은 일이 벌어졌습니다. 한 아이가 할아버지에게 다가오더니 기어들어가는 목소리로 말했습니다.

"정말로 공짜로 안아줘요?”

"응.”

할아버지의 대답이 끝나자마자 아이가 할아버지 품에 안겼습니다. 할아버지는 아무것도 묻지 않고 그저 따뜻하게 안아주며 등을 토닥여 줬습니다.

그런데 갑자기 아이가 울먹거렸습니다.

"엉엉. 까미야, 잘 가."

"까미가 누구니?"

"제가 키우던 강아지요. 그런데 며칠 전에 죽었어요. 까미가 너무 보고 싶어요."

"아마도 좋은 곳에 갔을 거야. 오늘까지만 울고 내일부턴 울지 마렴. 알았지?"

"예. 할아버지, 흐흐……. 고맙습니다. 이제 좀 괜찮아졌어요."

"그래. 까미도 이제 보내줘야지."

아이가 눈물을 닦아내더니 꾸벅 인사를 하고 사거리 쪽으로 걸어갔습니다.

"차 조심하렴."

할아버지도 괜스레 눈시울이 붉어졌습니다. 아이의 뒷모습을 바라보며 마음속으로 말했습니다.

'성호야, 미안하다. 할아버지가 미안하다. 사랑하는 내 손자 성호야.'

할아버지의 마음이, 아니 사랑이 하늘에 가닿은 걸까요. 환한 대낮인데 별 하나가 반짝거렸습니다. 아마도 성호가 '네. 할아버지' 하고 대답을 한 모양입니다.

온몸에 국화꽃 향기 담아

"큰언니, 괜찮아? 어떻게 해. 어떻게 해. 고생 많았지?"

중학교에 다니는 막내 경희가 눈물을 흘리며 언니를 위로합니다. 그러나 숙희는 귀여운 동생의 말에도 전혀 위로가 되지 않습니다. 그만큼 치료가 고통스럽기 때문입니다.

숙희는 진통제로 살고 있습니다. 진통제를 떼는 순간, 통증이 다시 찾아옵니다. 숙희의 소원은 다른 게 없습니다. 진통제를 맞지 않고 단 10분이라도 통증을 느끼지 않는 것입니다. 그러나 숙희가 처한 현실은 고통 그 자체입니다. 진통제 없이는 잘 수도 없고 한순간도 견뎌낼 수 없습니다.

숙희는 자동차 사고를 당했습니다. 충돌로 차가 폭발하는 바람에 상반신이 심한 화상을 입었습니다. 막내 경희를 시내에 내려주고 집으로 오는 길에 사고가 난 것입니다.

하루도 빠짐없이 소독 치료가 진행됩니다. 나쁜 균에 감염되지 않기 위해서는 꾸준히 소독을 해야 합니다. 그런데 소독 치료를 받는 이 시간은 지옥의 문이 열리는 시간입니다. 그만큼 고통스럽습니다. 치료실 밖에서 순서를 기다리는 숙희는 벌써부터 얼굴이 새파랗게 질려 있습니다. 치료실 안에서 새어나오는 비명에 숙희는 미칠 것만 같습니다. 차라리 이대로 죽는 편이 낫다는 생각이 머릿속에 가득합니다.

오늘도 숙희는 소독 치료를 힘겹게 받았습니다. 눈, 코, 입만 남기고 붕대로 상반신 전체를 똘똘 감은 채 다시 병실로 되돌아왔습니다.

"큰언니, 이거 먹어. 빨리 먹고 기운 내야지."

"나중에."

"언니, 아침도 안 먹었잖아. 어서 먹어."

"차라리 나 이대로 가고 싶다. 죽고 싶어."

"또 그 말이야? 제발 그런 말 좀 하지 마. 큰언니가 그런 말 할 때마다 내가 얼마나 마음이 아픈지 알아? 그때 내가 친구들을 만나지만 않았어도……. 언니한테 차 태워달라고 하지만 않았어도……. 흐흑."

동생은 터져 나올 것 같은 눈물을 참으며 병실 밖으로 나왔습니다. 의사 선생님이 언니 앞에서는 웬만하면 눈물을 보이지 말라고 당부했기 때문입니다. 경희는 마음이 무겁습니다. 괜히 자기 때문에 언니가 저렇게 된 건 아닌가 하는 죄책감으로 괴롭습니다.

하루가 지나고 또 하루가 지났습니다. 숙희는 오늘도 지옥의 문을 들어갔다 나왔습니다. 숙희의 머릿속엔 여전히 죽는 게 낫다는 생각으로 가득 차 있습니다. 온통 절망뿐입니다.

그런데 늦은 오후, 숙희의 입에서 어둠을 뚫고 나오는 한 줄기 빛과 같은 말이 흘러나왔습니다.

"어, 국화꽃 향기다."

죽고 싶다는 이야기 외에는 그 어떤 말도 하지 않았던 숙희가 처음으로 죽음이라는 말이 아닌 다른 말을 한 것입니다.

"큰언니, 향기 좋지? 저기 창가 쪽 이명자 아줌마한테 문병 온 사람이 국화꽃을 사왔어. 언니, 내가 내일 사다 줄까?"

숙희는 고개를 내저었습니다. 그 후로 숙희는 입을 다시 닫고 말았지만 그래도 동생은 행복했습니다. 언니의 그 말 한마디에서 희망을 봤기 때문입니다.

다음 날, 동생은 강가로 나갔습니다. 언니를 기쁘게 해주기 위해서입니다. 다행히 강가에 국화꽃이 제법 많이 피어 있었습니다.

"와, 참 곱다. 향도 진하네."

동생은 국화꽃을 몇 개 꺾을까 하다가 그저 바라만 봤습니다. 꽃을 꺾어왔다고 하면 분명 언니가 뭐라고 할 게 분명합니다. 꽃을 사랑하는 방법은 꽃을 꺾어 소유하는 게 아니라 꽃을 보며 함께 향을 나누는 거라고 예전에 언니가 말한 적이 있었습니다.

"언니한테 어떻게 전하지?"

동생은 언니에게 이 꽃의 기운을 어떻게 전할까 고민했습니다.

"그래, 그렇게 하자."

동생은 두 팔을 벌린 채 꽃밭 사이를 이리저리 뛰어다녔습니다. 꽤 긴 시간 동안 그렇게 쉬지도 않고 뛰어다녔습니다. 이제 됐다 싶었는지 동생은 병원을 향해 달려갔습니다.

헉헉.

거친 숨을 내쉬며 동생은 병실 안으로 들어갔습니다.

"큰언니, 나 왔어."

그 순간, 병실 가득 국화꽃 향기가 은은하게 퍼졌습니다.

"어? 국화꽃 향기네."

숙희가 다시 또 입을 열었습니다.

"와, 큰언니가 또 말했다!"

"진희야, 이 향기가 어디서 나는 거니?"

"알려줄까? 으음, 내 마음에서. 언니 빨리 나으라고 내 마음에서 응원하는 향기야."

숙희는 동생이 참으로 기특했습니다. 언니를 낫게 하려고 국화꽃 향기를 몰고 왔다는 게 너무나 고마웠습니다.

"경희야, 이제 언니 힘낼게. 너를 봐서라도 살게. 향기가 부니까 살아볼게."

"흐흑……. 큰언니, 고마워. 정말 고마워."

눈물을 보여선 안 되는데 동생은 차마 눈물을 참을 수 없었습니다. 그 눈물은 절망의 눈물이 아니라 희망과 기쁨의 눈물이었습니다.

살다 보면 뜻하지 않은 시련이 찾아옵니다.

시련이 휩쓸고 간 그 자리에 남은 건 절망뿐일 겁니다. 그러나 절망을 절망으로 끝내면 안 됩니다. 절망이 아흔아홉 있다고 해도 단 하나의 희망만 있어도 그 삶에는 가능성이 있기 때문입니다. 아흔아홉의 절망을 이기기 위해서는 아흔아홉의 희망이 필요한 게 아닙니다. 단 하나, 실낱같더라도 하나의 희망만 있으면 삶에 기적을 불러올 수 있습니다. 어떤 상황이든 우리는 희망을 놓아선 안 됩니다.
　창문을 열어봅니다. 바람이 불어옵니다. 국화꽃 향기가 전해져옵니다. 그래, 살아야 합니다. 살아야겠습니다.

오늘, 또 사랑을 미뤘다

ⓒ김이율 2013

1판 1쇄 발행 2013년 12월 4일
1판 2쇄 발행 2013년 12월 30일

지은이 김이율
펴낸이 강병선
편집인 김성수

기획·책임편집 김성수 **디자인** 최윤미 **일러스트** 황정하 **교정** 네오북
마케팅 방미연 정유선 이동엽 **온라인 마케팅** 김희숙 김상만 이원주 한수진
제작 강신은 김동욱 임현식

펴낸곳 (주)문학동네
출판등록 1993년 10월 22일 제406-2003-000045호
임프린트 아템포

주소 413-120 경기도 파주시 회동길 210
문의전화 031-955-1930(편집) 031-955-8889(마케팅) **팩스** 031-955-8855
전자우편 kss7507@munhak.com

ISBN 978-89-546-2314-8 03810

- 아템포는 문학동네 출판그룹의 임프린트입니다. 이 책의 판권은 지은이와 아템포에 있습니다.
- 이 책 내용의 전부 또는 일부를 재사용하려면 반드시 양측의 서면동의를 받아야 합니다.
- 이 도서의 국립중앙도서관 출판시도서목록(CIP)은 서지정보유통지원시스템 홈페이지(http://seoji.nl.go.kr)와 국가자료공동목록시스템(http://www.nl.go.kr/kolisnet)에서 이용하실 수 있습니다.(CIP제어번호: CIP2013024281)

www.munhak.com